아주 우아한 거짓말의 세계

광고의 눈으로 세상 읽기

아주 우아한 거짓말의 세계

광고의 눈으로 세상 읽기

한화철 지음

문이당

추천의 말

박 재 환 (부산대 사회학과 명예 교수)

현대인은 광고 속에서 잠을 깨고 광고 속에서 잠이 든다.

이 말이 지나친가.

그러면 우리는 "동창이 밝았느냐 노고지리 우지진다"면서 매일 아침을 맞는가. 한때 우리의 선배들은 그러한 시조를 그리워하며 공감하기도 했다. 하지만 오늘날 우리는 창문을 통해 들려오는 새소리는커녕 누군가 일찍부터 켜 놓은 텔레비전의 광고 소리를 들으며 잠에서 깬다. 우리가 살고 있는 아파트도 광고를 통해서 구입했고, 세수할 때의 칫솔, 치약, 비누 등도 모두 광고를 통해 소개받았다. 출근할 때 입는 옷, 힘들게 구입한 자가용도, 얼마 전에 변경한 휴대전화의 신형 모델도 전부 광고들을 통해 인지하고 결정했다.

어디 그뿐인가. 우리가 가입한 각종 보험도, 동호회도, 신혼여행을 비롯한 가족 기념행사도, 부모님에 대한 효도 관광도, 심지어 가족의 장례를 위한 상조 결정도 모두 온갖 광고를 통한 정보들로부터 시작된다. 아니, 출산을 위한 준비에서부터 죽음에 이르는 우리의 인생 주기 전 과정에 광고가 개입하고 결정적인 영향을 미친다.

따라서 현대 사회에서 광고가 배제된 사회적 삶은 상상할 수 없게 된다.

그럼에도 우리는 각자가 자기 삶의 주인공이라 믿어 의심하지 않는다. 자신이 그토록 의지하는 부모가 자기의 결정을 받아들이지 않을 때 스스럼없이 이건 내 인생이라면서 간섭하지 말라고 단언한다. 하지만 우리 인생의 전 과정이 내가 모르는 타인들의 정교한 정보와 광고 전략에 의해 부지불식간에 조종되고 있다는 이 엄청난 아이러니를 어떻게 할 것인가.

이런 맥락에서 한화철의 『아주 우아한 거짓말의 세계』는 우리 일상의 팽배한 허위의식을 꿰뚫고 광고의 실존적 의미를 전면에 부각시킨 주목되는 역작이다.

좋은 사회학자가 되고 싶다는 꿈을 접고 우연한 기회에 '광고쟁이'가 되었다는 그는 광고를 "복잡한 현실을 단순화하는 판타지를 만드는 일"이라고 규정하면서도 '사회 변화'에 대한 기대를 쉽게 놓아 버리지 못한다. "광고는 '상업적 진실'이라는 진실을 말한다"고 하면서도 "전부를 말하지 않는 진실은 기본적으로 믿을 수 없는 진실이다"라고 생각하기 때문이다.

한화철의 이러한 문제의식은 대학의 사회학과 학부 시절에 이미 두각을 나타내기 시작한 치열한 지적 욕구와 실천적 활동으로 체화되었다. 그의 사회학적 시각은 이 책의 기조를 이루고 있지만 특히 광고에 대한 지식 사회학적 독해는 그가 광고인의 덕목으로 내세우는 '지성과 창의성'의 바탕이 되기도 한다.

무시로 광고 기획과 제작에 걸림돌이 될 수 있는 사회 현상에 대한 그의 현학적 담론은 광고의 이데올로기성, 포이어바흐Ludwig Feuerbach의 카피copy론과 리스먼David Riesman의 '타자 지향적 인간 유형론' 등과 같은 논의로 무수히 확대될 수 있다. 하지만 이 책은 그가 15년 넘게 광고 현장에서 몸소 겪은 구체적 경험들과 창의적 커뮤니케이션으로서 광고가 갖는 실제적 의미를 심도 있게 성찰한, 더 많은 분량의 글들로 균형을 유지하고 있다.

그런 의미에서 이 책은 광고를 직업으로 삼고 있는 이들에게는 외면하기 힘든 필독서가 된다. 뿐만 아니라 숨 막히게 쏟아지는 정보의 홍수 속에 수없이 자기 소외를 경험하는 평범한 우리에게는 흔들리는 실존의 좌표 한 끝자락을 되돌아보는 단서가 될 수 있다. 때로 그 사소한 단서가 진부한 일상의 벽을 넘는 사건을 잉태하게 하지도 않는가.

아무리 모든 말과 정보가 필연적으로 지시된 내용과 이긋나게 되는 거짓말일 수밖에 없어도, 그리하여 광고인은 물론 종국에는 성서의 한 구절처럼 "모든 사람이 거짓말쟁이다"라고 해도 우리의 삶은 그 속에서 영위해 나갈 수밖에 없다. 그 어긋난 일상의 모순이 누적되어 언젠가는 새로운 세계를 여는 혁명이 터져 나올 수도 있기 때문이다.

차 은 택(CF·뮤직비디오 감독)

한화철. 광고계에서 그의 이름 석 자를 처음 들었을 때 난 무척 강한 인상의 소유자일 것이라 생각했다. 머릿속에 떠올린 첫인상은 광고 회사 엘베스트의 기획팀장이라면 가느다란 은테 안경을 쓰고 쌍꺼풀 깊은 마스크에, 말투도 어미가 딱딱 끊어지는 정 없는 톤을 띤 공과 대학 교재 같은 사람일 거라고 상상했다.

그러던 어느 날 엘베스트 회의실에 들어서서 사람들과 인사를 나누는데 내 앞에 마주 앉은 남자가 구수한 미소와 푸근한 인상으로 악수를 청했다.

"한화철입니다."

순간 내 머릿속의 이미지는 온데간데없이 사라지고, 프로젝트를 준비하면서 잔뜩 긴장했던 마음도 풀어져 버렸다. 게다가 회의를 진행할 때 입에서 나오는 단어 하나, 문장 한 줄은 첫인상과는 또 다른 이미지의 연속이었다. 모든 언어의 나열이 체계적이고 논리적이면서도 그 이성적인 논리 속에는 풍부한 감성까지 품고 있었다. 어떤 사람일까? 지금 무슨 생각을 하고 있을까? 갑자기 호기심이 생겼다.

한데 어느 날 프린트된 원고를 건네며 추천의 말을 써 달란다.

'아주 우아한 거짓말의 세계.'

나의 호기심이 폭발했다. 과연 이 책은 무얼까? 우아한 거짓말……. 원고를 펼치는 순간, 연거푸 터져 나오는 말들……. 뭐지? 언제? 어떻게? 한마디로 감탄의 연속이었다. 아니, 감탄을 넘어 내 마음속에는 질투심이 일었다. 프로이트와 니체 그리고 롤랑 바르트까지…….

책은 저자의 삶을 바탕으로 광고라는 매개체가 사람과 만나면서 어떻게 작용하고 진화하는지를 잘 느끼게 해 주었다. 어떤 영역이든 글은 상당히 주관적인 시선에서 시작하고, 광고를 가벼운 산책 중에 만나는 현상처럼 편안하게 유도한다. 그러나 글을 읽어 나가다 보면 거기에는 날카로운 인문학적 관점의 시선들이 보이고, 읽는 나로 하여금 눈에 힘을 풀고 가볍게 따라가다가 결국 머리를 쥐어짜며 아랫입술을 질끈 깨물게 만드는 반응을 이끌어 낸다.

명랑한 광고 대행사 이야기와 함께 크리에이티브를 아우르는 인류 문명의 진화론을 언급하는 대목은 독자의 입장에서 경탄을 금치 못하게 한다. 책에는 사회학자가 되려다가 광고의 세계에 빠진 저자의 이런 시선들이 곳곳에 담겨 있다. 글을 읽으며 한화철이라는 사람의 말투와 표정을 떠올리다 보니 그가 이제까지 했던 말들이 기호학적이고 상징적인 그만의 표현이었겠구나 하는 깨침과 함께 정신이 번쩍 들면서 그런 그가 어떻게 그토록 광고를 사랑할 수 있었을까 하는 의문이 생겼다.

하지만 그 의문은 밀턴 글레이저를 인용하며 '우리 모두는 좋은 시민이 되기 위한 책임감을 가져야 한다'는 그의 생각을 읽고 이내 풀렸다. 좋은 시민으로서 인간적인 삶의 태도를 유지하는 것만으로도 충분하다는 스스로의 위안을 찾아낸 것이다. 나는 아직 좋은 시민이 되기 위해 고민하는 광고인을 주변에서 본 적이 없다. 대부분 좋은 광고인, 좋은 크리에이터, 좋은 디자이너, 좋은 감독이 되기 위해 스스로 엄청난 압박과 무게를 짊어지고 살기 때문이다. 크리에이티브라는 것이 그런 무게 속에 눌려서는 제대로 피어나지 못한다는 걸 알면서도 왜 좋은 시민이라는 관점은 갖지 못했을까 하고 자책하게 되는 순간이었다.

그는 늘 자유로워 보였다.

심각한 주제와 사건, 사고를 늘 여유 있는 태도와 미소로 대응하는 모습이 언뜻 멋멋해 보일 수도 있지만, 탄력 있는 크리에이티브를 운용하는 데 그는 항상 주체였고 모두의 중심이었다. 그의 편안함에는 단단한 자신의 관점과 사상이 기초한다는 것을 책을 읽으면서 알게 되었다.

대학 강단에서 10여 년 넘게 강의하며 광고는 늘 논리를 바탕으로 이루어진 공식과 같은 크리에이티브라고 떠들던 내게 이 책은 과감하게 일침을 놓으며, 오히려 광고는 인문학적이고 감성적인 문화의 영역이라는 사실을 새삼 일깨워 주었다. 내 모습에 부끄러하면서도 혼자 남몰래 안도의 한숨을 내쉬었다.

　이 책을 통해, 바쁘고 정신없이 돌아가는 크리에이터들의 시간 속에 그 주변을 인문학의 관점으로 낯설게 할 수 있다면 그것은 또 다른 발견이고 대단한 경험이 될 것이다. 그 같은 발견을 하지 못했던 지난 내 모습이 얼마나 무지했는지, 또 얼마나 건조했는지를 이 책은 일깨워 주었다.

　광고를 포함한 모든 사회적 행동 속에 이런 관점을 가진 저자와 한번쯤 대화를 나누어 본다는 것은 참으로 소중하고 멋진 경험이 될 것이다.

책을 펴내며

좋은 사회학자가 되고 싶었던 나는 어쩌다 '광고쟁이'가 되었다.

광고에 대해선 아무것도 몰랐다. PT, 프레젠테이션presentation을 프롤레타리아prolétariat로 독해할 정도였다. 사회학자와 광고쟁이라는 이 모순된 상황은 지금도 가끔 나를 혼란스럽게 한다.

나는 오래전부터 광고의 어느 언저리에 분명히 있으면서도 광고에서 한 발짝 물러서려는 심리적 저항 같은 것을 느낀다. 보들레르가 "도시를 체험하기 위해 도시 속을 걷는 자"로 규정한 만보객漫步客처럼, 나는 광고를 체험하기 위해 광고 속을 걷고 있는 만보객인지도 모르겠다.

어쩌면 나 자신이 이미 광고의 일부가 되는 참여자이면서 그 풍경의 관찰자가 됨으로써 다른 사람들과 나를 구분하고 싶었는지도 모르겠다.

어떤 때는 뜨겁고 치열하게 참여하면서, 어떤 때는 차갑고 냉정하게 관찰하게 되는 것이다.

CMS쿠폰, 센추리에어컨, 롯데백화점, 롯데캐슬, 낙천대, e편한세상, 쌍방울, 아이리버, 하나로텔레콤, 현대증권, 스카이라이프, LG텔레콤, 현대스위스저축은행, 싸이월드, 한국증권업협회, 테크, 엘라스틴, 라푸마, 엑스캔버스, 라끄베르, (주)LG, 지인, 옵티머스, KB국민은행, 070플레이어, tvG, 살로몬, U+LTE8 …….

내가 경험한 기억나는 브랜드들이다.

이 책은 이 브랜드들을 경험하며 체득한 광고의 풍경들을 담고 있다. 광고 속을 거닐며 보고, 듣고, 느낀 것들의 결과물이다.

처음 이 책은 대부분의 광고 관련 서적들이 창의성이니 아이디어니 하는 광고의 한 단면만을 부각하고 있는데 대한 반동에서 시작되었다. 광고는 빈둥빈둥 놀다가 갑자기 떠오르는 아이디어 하나로 만들어지는 즉흥적인 작업이 아니다.

광고는 매우 지적인 작업이다. 지적 담론들이 쌓이고 쌓였을 때, 비로소 아이디어는 발현되는 것이다. 말하긴 쉬워도 만들기는 힘든 것이 바로 광고다.

얼핏 보기에 평범해 보이고, 반지성적으로 보일지라도 허투루 만들어지는 광고는 하나도 없다. 거기에는 역사가 있고, 시대가 있고, 트렌드가 있다.

나는 광고가 프로이트가 말하는 꿈의 작업dream-work과 관련 있다고 생각한다. 꿈의 작업이 "잠재되어 있는 꿈을 현존하는 것으로 전환"시키는 작업이라면, 광고는 "불완전한 현재를 잠재되어 있는 꿈에 도달"시키려고 노력하기 때문이다.

그래서 광고는 현실의 세계가 불만족스럽다는 사람들의 인식을 파고든다.

광고는 사람들이 미처 알아채지 못하고 있는 욕망을 일깨우거나 사람들이 깜짝 놀랄 꿈을 만들어 내기를 바란다. 광고가 유행과 열광의 일어남과 쓰러짐을 관찰하고, 사람들 마음속의 미묘한 움직임을 추적하는 것은 그런 이유에서다. 당대 삶의 파노라마를 광고만큼 정확하게 탐색하고 기록하는 것이 또 있을까?

어느 광고인의 주장처럼, "우리는 광고를 통해 사회학적 역사의 흔적을 추적하게 될지도 모른다".

이 책은 광고의 일상과 일상성을 재료 삼아 사회학적 상상력이라는 연필로 그린 몽타주다.

광고라는 세계에 대한 나의 생각을 글로 표현한 책이다.

흔히 '광고는 정답이 없다는 말'이 있다. 그와 꼭 같은 이유로, 광고에 대한 나의 생각에 반하는 많은 관점들이 존재할 수 있다.

이 책이 광고에 대한 그런 건강한 담론들의 출발점이 될 수 있으면 좋겠다는 것이 나의 바람이다.

　얼마 전, 아홉 살짜리 둘째 아이가 나에게 직업을 바꿔 보는 게 어떠냐는 제안을 했다.
　저녁도 주말도 없는 생활이 8개월 정도 지속되던 무렵이었다.
　사랑하는 아내 그리고 준하와 준서에게 이 책을 보낸다.
　불완전한 현재를 조금이라도 잠재되어 있는 꿈에 가져다 놓는 데 도움이 되었으면 하는 바람을 담아……

2014년 4월
반포대교가 내려다보이는 엘베스트에서
한　화　철

차례

1장 즐거운가? 그래서 행복한가!

2장 광고를 생각한다

3장 어쩌다 광고쟁이가 되어

1장

즐거운가? 그래서 행복한가!

직업으로서의 광고

나는 어쩌다 광고쟁이가 되었다. 그리고 아직까지 광고를 업으로 삼고 있는 이유는 광고 일이 재미있기 때문이다. 요즘 유행하는 행동 경제학의 '너지Nudge' 같은 개념으로 말하자면, 나는 광고가 재미있어 시작한 것은 아니지만, 광고를 하면서 광고의 재미를 시나브로 알게 되었다. 가끔 자문해 본다. 처음부터 광고에 나를 맞추려 했다면, 지금까지 내가 광고인으로 살 수 있었을까?

대학 시절, 나는 좋은 사회학자가 되고 싶었다. 그런데 우연한 기회에 '광고쟁이'가 되었다. 나는 광고 회사의 마케팅 컨설턴트로 입사하여 광고 기획자가 되었으며, 스포츠 마케터를 거쳐 다시 광고 기획자로 살고 있다. 내가 하고 싶은 일을 광고라는 영역 안에서 적절히 선택할 수 있는 삶을 살아온 나는 억세게 운 좋은 사람이다. 대홍기회과 금강기획(금강오길비), 뿔커뮤니케이션즈 그리고 지금 몸담고 있는 엘베스트까지, 내가 선택한 삶이 생성하는 내 안의 긍정적인 변화는 여전히 광고를 업으로 살아가게 만드는 힘이다.

　어쩌다 광고쟁이가 된 내가 여전히 광고쟁이로 살아가는 힘은 '선택의 자유freedom of choice'에서 나온다고 나는 믿고 있다. 선택의 자유는 '내적 동기internal motivation' 같은 내면의 욕구와는 다르다. 가령 내가 광고를 하고 싶다는 내면의 욕구가 강하면, 광고 이외 다른 선택의 자유는 거부되거나 유보될 수밖에 없다. 반면 내가 행복해질 수 있는 하나의 선택이라는 관점에서 광고를 보면, 그것은 나를 행복하게 만드는 중요한 수단이 되는 것이다. 전자처럼 광고에 대한 내면의 욕구가 강한 사람은 두 가지 부류의 광고인이 될 가능성이 높다. 광고를 하겠다는 것이 목적이기 때문에, 광고를 하게 된 순간 목적을 상실하거나, 반대로 자신의 행복을 상쇄시키면서까지 광고를 통한 만족감을 극대화하기 위해 노력할 것이다. 대부분의 워커홀릭workaholic은 일에 대한 내면의 욕구가 강한 사람들이다. 그들은 불을 찾아 헤매는 불나방처럼 일 속으로 돌진한다. 자신은 행복하다고 느끼지만, 주변 사람들은 불행하다고 느끼는 경우가 많다.

　대부분의 심리학자들이 선택의 자유가 내적 동기보다 더 강력한 동인動因이라는 사실에 동의한다. 그리고 선택의 자유는 내적 동기보다 외적 동기에 의해 결정되는 경향이 크다고 말한다. 외적 동기 external motivation는 돈이나 명예 혹은 사회적 관계에 의해 생기는 욕망이다. 따라서 선택의 자유를 갖는다는 것은 사회적 관계 속에서 자기 자신의 상황에 대한 자율적인 의사 결정권을 갖게 되는 것을 의미한다.

우리는 얼마만큼 우리의 삶을 선택하며 살고 있을까? 어쩌면 현대인의 불행은 여기서 시작되는지도 모르겠다. 사람은 한 끼 식사의 식단을 선택하거나 어떤 채널을 볼 것인지를 선택하는 것만으로는 실존이 위험한 존재다. 사람은 누구나 자기가 하고 있는 일에서 의미를 찾고 싶어 한다. 광고에 대한 순수한 내적 동기가 제아무리 강하다 해도 선택의 자유를 박탈당한 삶은 무기력할 수밖에 없다. 열과 성을 다해 준비한 프로젝트에서 결론을 선택할 수 없거나 옳고 그름의 판단을 다른 누군가에게 넘길 수밖에 없는 상황은 악몽이다. 자신이 하고 있는 일에서 실존을 찾지 못하는 삶은 비루할 수밖에 없다.

내가 아는 한 선배가 있다. 엘베스트의 처음과 현재를 만든 그는 광고를 떠나서는 살 수 없을 만큼 광고를 사랑하는 광고인이었다. 그를 처음 만난 건 금강기획 시절이었는데, 그는 이미 최고의 스타 광고인이었다. 광고 회사에서 스타 대접을 받으려면 두 가지 덕목을 갖춰야 한다. 하나는 '경쟁 PT(presentation) 승률'이고, 다른 하나는 '성공 캠페인'이다. 선배는 두 가지 모두에서 타의 추종을 불허했다. 그리고 더욱 중요한 한 가지, 그는 후배들로부터 존경받는 광고인이었다.

선배가 자주 하는 말 중에 이런 말이 있다. 직업으로서 광고를 하는 광고인은 두 부류로 나뉜다는 것이다. 하나는 '직職'으로 일하는 광고인이고, 다른 하나는 '업業'으로 일하는 광고인이다. '직'으로 일하는 광고인은 월급쟁이 광고인이다. 그런데 우리가 하고 있는 광고라는 일은 단순히 월급쟁이라는 생각으로는 쉽게 지치고 쉽게 포기할 수밖에 없는 직업이다. 답이 없기 때문에 더 끈질기게, 더 집요하게 들여다보고 생각하고 고민해야 하는 것이 광고 일이기 때문이다. 그리고 이런 태도야말로 '직'이 아닌 '업'으로 일하는 광고인의 기본 자세다. 선배는 항상 광고를 '업'으로 대하는 광고인이 되라는 말을 잊지 않았다.

선배가 광고를 직업으로 가진 자의 삶을 이야기할 때마다 나는 막스 베버(Max Weber, 1864~1920, 독일의 사회학자)의 『직업으로서의 정치』를 떠올렸다. 직업으로서의 정치에 대한 베버의 견해는 직업으로서의 광고를 생각할 때도 폭넓은 통찰력을 제공한다. 정치를 광고로 치환하면 다음과 같은 해석이 가능하다.

광고인이 사는 방식은 두 가지다. 하나는 광고를 위해 사는 것이고, 다른 하나는 광고에 기대 사는 것이다. 두 가지 삶의 방식은 신념 윤리와 책임 윤리라는 철학적 배경에서 구분된다. 신념 윤리는 광고인 스스로 가지는 내면적 신념으로, 공동체에 대한 가치 그 자체라고 할 수 있다. 반면 책임 윤리는 내면적 신념을 현실 속에서 이행해야 하는 책무를 말한다. 베버는 이 두 가지 윤리가 따로 떨어질 수 없으며, 끊임없이 변증법적인 영향을 주고받는 구조를 이룬다고 분석했다. 광고인이라면(비단 광고인이 아니라도) 신념 윤리와 책임 윤리에 대한 베버의 가르침은 음미해 볼 필요가 있다. 어떤 신념 윤리로 광고를 하고 있는지, 어떻게 책임 윤리를 관철시키기 위해 노력하고 있는지 점검해 볼 필요가 있다. 작게는 광고라는 작은 울타리 안이 될 것이고, 크게는 시민 사회라는 공동체 울타리 안에서의 신념 윤리와 책임 윤리일 것이다. 공동체에 대한 신념 윤리는 없이 오로지 개인의 영달만 좇고 있지는 않은지, 시민 사회에 대한 책임 윤리는 없이 오로지 개인의 안위에만 몰두하고 있지는 않은지 둘러봐야 한다.

우리가 살고 있는 세상은 인식의 세계다. 사람들은 자신이 인식하는 만큼의 세계만 인식한다. 광고는 이런 사람들에게 메시지를 던지는 직업이고, 사람들의 인식에 영향을 미치는 것을 목표로 하는 직업이다. 그리고 그 영향이란 사람들의 인식을 변화시키는 것이다. 따라서 광고는 단순히 세계를 설명하는 것이 아니라, 세계를 변화시키는 일이다. 그런 의미에서 광고를 직업으로 삼는다는 것은 의도하든 의도하지 않든 우리가 살고 있는 공동체에 영향력을 행사하는 일을 직업으로 갖는다는 것을 의미한다.

선택의 자유를 갖는 광고인이 되는 것, '업'으로 광고를 대하는 광고인이 되는 것, 이런 태도를 유지하는 것은 분명 쉽지 않은 일이다. 그럼에도 불구하고 여기에 베버의 신념 윤리와 책임 윤리를 보태는 이유는 광고하는 사람의 사회적 책임에 대해 광고인 모두가 한번쯤 깊은 고민의 시간을 가져 보길 바라는 마음에서다. 광고라는 장場에 들어와 있다 보면, 광고 외에 앞뒤좌우를 살피는 것이 쉽지 않을 만큼 광고는 엄청난 몰입을 요구하는 직업이기 때문이다.

얼마 전 빅토르 하라(Victor Jara, 1932~1973)의 자서전을 읽었다. 빅토르 하라는 칠레의 연극 연출가이자 시인이자 민중 가수였다. 피노체트(Augusto Pinochet, 1915~2006, 칠레의 군부 독재자)가 이끄는 쿠데타 군에 끝까지 저항했던 인물로, 기타를 치던 손이 짓이겨진 채 군인들에게 살해당했다. 그는 이런 말을 남겼다.

"예술가란 진정한 의미의 창조자여야 한다. 그 위대한 소통 능력 때문에 예술가는 게릴라만큼 위험한 존재여야 한다."

광고는 소통 능력으로 자신의 능력을 평가받는 직업이다. 그리고 광고인은 TV, 신문, 라디오, 잡지, 인터넷, 모바일, 옥외, 바이럴 등 세상에 존재하는 거의 모든 소통 장치들을 활용하는 유일한 직업인이다. 빅토르 하라의 관점에서 보면, 광고는 위험한 직업이고, 광고인은 위험한 존재일 수 있는 것이다. 빅토르 하라의 혁명적 삶은 차치하더라도 '위대한 소통 능력의 힘'과 '공동체에 미치는 영향력'을 광고인들은 기억해야 한다. 광고인들은 위대한 소통 능력 때문에 게릴라만큼이나 위험한 존재가 될 수 있는 사람들이다.

선택의 자유를 갖는 광고인!

업으로 광고를 대하는 광고인!

신념 윤리와 책임 윤리를 가진 광고인!

게릴라만큼 위험한 존재가 될 수 있는 광고인들은 이런 물음들에 귀 기울여야 한다. 그리고 스스로 자주 되뇌어 보아야 한다.

그럼에도 불구하고 '즐거운가? 그래서 행복한가!'라고

멍든 하트

　좋은 사회학자를 꿈꾸던 내 마음 한구석에는 광고야말로 자본주의의 꽃이라는 비판적 인식이 똬리를 틀고 있다. 그러나 이런 생각에서 한 발짝만 벗어나면, 광고는 정말 재미있는 일이다. 특히 광고를 보며 왜 이런 이미지와 카피가 나오게 됐는지를 음미하고 상상하는 일은 광고가 주는 즐거움 가운데 으뜸이다. 책이나 영화를 보면서, 그 작품을 만든 사람의 생각이나 숨은 의도를 찾아가는 즐거움과 비슷하다. 기대하지 않았던 깨달음을 던지는 것들이 있는가 하면, 꼬리에 꼬리를 물면서 지적 탐구를 자극하는 것들도 있다. 그중에는 유독 나에게 날아와 꽂히는 이미지, 광고들이 있다.

　롤랑 바르트(Roland Barthes, 1915~1980, 프랑스의 소설가, 기호학자)는 "이미지가 그냥 와서 나에게 꽂히는" 경험을 푼크툼Punctum이라고 불렀다. 바르트는 푼크툼이란 것이 회고적이고 유아적이어서, 비평 도구나 이론이 되기는 힘들다고 봤다. 그런데 푼크툼의 개념을 새롭게 정의하고 미술 작품 비평의 도구로 끌어올리려는 시도가 근래에 있었다. 롤랑 바르트도 포기한 일을 시작한 사람은 진중권(1963~ , 사회 비평가)이다. 그는 『교수대 위의 까치』에서 푼크툼 개념을 확장하여 다음과 같이 정의했다. "개념을 확장시켜 그냥 와서 꽂히는 것", "보편적 해석을 뒤집으면서 나에게 와서 꽂히는 것", "개별적으로 나에게 와서 꽂힌 것인데 어느 정도 보편적 전달 가능성이 있는 것". 나는 진중권의 책을 읽으면서, 광고 비평의 도구로 푼크툼을 활용할 수 있다면, 광고를 분석하는 훌륭한 분석 틀이 될 것이라는 생각을 했다. 왜냐하면 광고야말로 '소비자에게 날아가 꽂히는 것'을 목표로 하는 창작물이기 때문이다.

　나는 롤랑 바르트가 말한 "이미지가 그냥 와서 나에게 꽂히는", 그런 지극히 회고적이고 유아적인 경험을 한 적이 있다. 한 편의 광고가 그냥 와서 나에게 꽂혔다. 월드컵이 열리던 2002년의 새해였다. 여느 때와 마찬가지로 나는 광고물들을 뒤적이고 있었다. 첫 직장이었던 대홍기획의 인포메이션 센터에는 전 세계 광고 관련 전문지들이 구비되어 있었다. 그날 그곳에서 광고 하나를 만났다. 수많은 광고 이미지들 가운데 나에게 날아와 꽂힌 한 편의 광고였다. 낯익은 하트 이미지가 먼저 들어왔고, I♡NY MORE THAN EVER라는 폰트 200 정도의 큼직한 타이포가 보였다. 그리고 낯익은 하트의 좌측

하단이 검게 멍들어 있는 것이 눈에 들어왔다. 이미지는 2001년 9월 19일 자 뉴욕의 〈데일리 뉴스*DAILY NEWS*〉 1면에 실린 광고였다.

2001년 9월 11일, 전 세계를 충격과 공포에 몰아넣은 엄청난 사건이 발생했다. 납치된 항공기 두 대가 뉴욕의 세계무역센터 빌딩을 공격해서 무너뜨린 것이다. 110층의 거대한 쌍둥이 빌딩이 무너지면서 세계의 경찰을 자부하던 미국의 자존심도 한 방에 무너졌다. 세계 경제의 중심이자 미국 경제의 상징인 뉴욕은 하루 아침에 공포의 도가니로 바뀌었고, 수천 명의 무고한 시민이 목숨을 잃었다. 세계는 일제히 경악했고, 테러의 공포에 휩싸였다. 대부분의 매스컴들이 이슬람에 대한 증오와 미국에 대한 애국주의를 강조하는 메시지들을 매일같이 쏟아 내고 있었다.

그러나 9월 19일 자 〈데일리 뉴스〉 1면에 실린 광고는 차원이 달랐다. 광고는 테러의 직접적인 표적이 된 뉴욕 시민의 슬픔과 상처를 치유하는 데 정치적 증오는 전혀 도움이 되지 못한다는 사실을 명확히 알고 있었다. 멍든 하트와 함께 'I♡NY MORE THAN EVER(그 어느 때보다 뉴욕을 더 사랑한다)'는 카피는 뉴요커들에게 힐링의 메시지가 되었다. 또 세계무역센터가 사라진 맨해튼 서남단의 상처를 시각적 은유로 표현한 멍든 하트는 뉴욕 시민들의 상처를 그대로 보여주고 있었다. 치유는 상처를 인정하는 데에서 시작되는 법이다.

뉴욕의 상징이자 뉴요커의 자부심이 된 'I♡NY' 로고를 재해석한 이 광고는 뉴요커들 사이에서 이심전심以心傳心으로 퍼져 나갔다. 시민들은 건물 유리창, 자동차, 지하철 벽 등에 광고를 붙이는 방법으로 자신의 슬픔을 표현했다. 마치 바이러스처럼 거리 곳곳이 광고로 채워졌다. 광고 회사가 수백억 원을 쏟아부어도 성공을 장담할 수 없는 완벽한 캠페인이 단 한 번의 신문 광고로 완성된 것이다.

단 한 번의 신문 광고가 전 방위적 캠페인으로 거듭난 이유를 설명할 수 있는 단 하나의 열쇳말은 '감정 이입感情移入'이다. 당시 뉴욕 시민들에게 필요한 것은 테러에 대한 분노나 증오가 아니라 현실로 닥친 슬픔을 치유하는 일이었다. 슬픔은 나눔을 통해 치유된다. 뉴욕 시민들의 슬픔을 감정 이입한 하나의 광고가 나눔의 상징이 되었다.

감정 이입은 다른 사람의 몸과 마음을 통해 세계를 지각하는 것이다. 또한 문제 속으로 들어가 그 문제의 일부가 되는 것이다. 그래서 칼 포퍼(Karl Popper, 1902~1994, 오스트리아 출신의 영국 철학자)는 감정 이입을, 가장 완벽한 이해를 얻을 수 있는 가장 유용한 방법이라고 여겼다. 감정 이입은 흔히 몰입의 형태로 나타난다. 내가 '나 자신'이 아니라 '스스로 이해하고 싶은 어떤 것'이 되는 게 감정 이입이다. 그때 비로소 가장 완벽한 이해가 이루어진다.

9·11 사태를 뉴욕 시민의 몸과 마음으로 지각했던 사람, 가장 완벽한 이해를 통해 이 신통방통한 광고를 만든 사람은 다름 아닌 'I♡NY'의 원작자 밀턴 글레이저(Milton Glaser, 1929~ , 미국의 시각 디자이너)였다. 그는 9·11 사태가 나자마자 I♡NY MORE THAN EVER를 포스트로 만들어 뉴욕 시가 공식적으로 사용해 줄 것을 요청했다. 그러나 세계무역센터의 테러를 시각적으로 상징한 검게 그슬린 하트 때문에 받아들여지지 않았다. 밀턴 글레이저는 물러서지 않았다. 〈데일리 뉴스〉 100만 부에 광고로 내보냈다. 그리고 광고를 포스터로 만들어 스쿨 오브 비주얼 아트 디자인 스쿨 학생들과 도시 전역에 이미지를 뿌렸다. 김민수(1961~ , 서울대 디자인학부 교수)는 『필로 디자인』에서 이 포스터가 당시 뉴욕 시민들의 마음을 사로잡은 이유를 다음과 같이 설명한다.

"어느 때보다 더 많이 뉴욕을 사랑한다는 문구 때문만이 아니었다. 글레이저가 로고 I♡NY의 심장 심벌에 새겨 넣은 상처의 혈흔 때문이었다. 그는 심장 심벌의 왼쪽 밑부분에 얼룩진 자국을 그려 넣었는데, 그것은 세계무역센터가 붕괴된 맨해튼 서남단의 상처를 상징하는 시각적 은유였다. 따라서 포스터의 메시지는 '그 어느 때보다 상처 난 뉴욕을 더 사랑한다'는 감동의 내용인 셈이다."

밀턴 글레이저는, 1975년 제1차 석유 파동으로 전 세계가 극심한 경제 불황을 겪던 시절, I♡NY 로고를 만들어 뉴욕 시민들에게 희망을 심어 주었다. 그것은 역사상 가장 인기 있고 유명한 로고가 되었다. 다시 2001년 9·11 사태로 테러에 대한 공포와 증오가 넘쳐 나던 시절, 글레이저는 I♡NY MORE THAN EVER 광고로 뉴욕 시민들의 상처와 슬픔을 치유하면서 역사상 가장 드라마틱한 캠페인을 연출했다.

나는 밀턴 글레이저를 보면서 말로(André Malraux, 1901~1976, 프랑스의 작가이자 정치가)와 생텍쥐페리(Antoine de Saint-Exupéry, 1900~1944, 프랑스의 작가이자 비행사)가 떠올랐다. 말로는 스페인 내전 때 의용군 비행대장으로 활약했고, 제2차 세계 대전에서는 레지스탕스 운동을 이끌었다. 생텍쥐페리는 기자로 스페인 내전을 겪었고, 제2차 세계 대전 당시에는 종군하여 파일럿으로 출격했다가 영원히 돌아오지 못했다. 그들은 모두 절망을 피하기 위해 행동을 선택한 사람들이었다. 엄숙한 시대를 살았던 그들과 글레이저를 단순 비교하는 것은 한계가 있다. 다만 동시대에 감춰진 위기를 의식하고 부조리에 맞섰다는 점에서, 그리고 적극적으로 새로운 윤리를 모색하려 했다는 점에서 나에게 밀턴 글레이저는 그랬다.

후대의 평론가들은 말로와 생텍쥐페리의 선택을 행동의 휴머니즘humanisme de l'action이라고 불렀다. 그리고 역사는 그들을 행동주의 작가, 그들의 작품을 행동주의 문학으로 기록하고 있다. 좋은 사회학자를 꿈꾸던 나에게 광고인이라는 현실은 한때 작은 이데올로기의 전쟁터였다. 그 시기를 지나던 나에게 밀턴 글레이저는 행동의 휴머니즘을 실천하는 행동주의 광고인이었다. 어느 날 느닷없이 날아와 나에게 꽂힌 한 편의 광고는 한 차원 높은 광고의 세계를 모색할 상상력과 용기를 선사했다.

밀턴 글레이저는 2005년 보스턴에서 열린 미국 그래픽 아트 협회(AIGA, American Institute of Graphic Arts) 회의 석상에서 'I♡NY MORE THAN EVER' 광고를 세상에 내놓은 이유에 대해 다음과 같이 설명했다.

"테러의 공포를 정치적으로 이용하는 것은 테러리즘 자체만큼이나 경계해야 한다. 그것은 나로 하여금 시민으로서 내 역할에 대해 생각하게 해 주었다."

광고장이, 광고쟁이

　사람들은 직업에서 거둔 성공을 인생의 성공으로 여기는 경향이 있다. 내가 만난 많은 사람들이 그랬다. 직업이 없다고 인생이 끝나는 것도 아닌데, 명함이 사라지는 순간 사람도 함께 사라져 어디론가 숨어 버린다. 너무 쉽게 직업을 인생으로 치환한다.

　오아시스 콤플렉스Oasis Complex는 종종 사막에서 목마른 사람들이 물이나 야자수를 보았다고 믿는 것이다. 이런 착각은 근거나 증거가 있어서가 아니다. 자신의 내면에 이런 착각에 대한 요구가 강력하기 때문에 그것을 해결할 수 있는 착각을 만들어 낸다는 것이다. 내 생각에, 직업과 인생을 동일시하는 것은 오아시스 콤플렉스만큼이나 엄청난 착각이다. 직업이 곧 인생이라는 내면의 강력한 요구를 내려놓아야 한다. 그러지 못할 때, 우리는 미망에 빠질 수밖에 없다. 직업은 인생이 아니다. 직업은 직업일 뿐이다. 직업은 인생의 목표나 꿈으로 가는 수단이지 목적이 아니다.

가끔 나는 광고에서 벗어나고 싶을 때가 있다. 광고는 분명 매력적인 직업이지만, 광고만 붙들고 있기에 나의 인생은 더 크고 위대하다고 생각하기 때문이다. 균형이 중요하다. 내 인생을 묘사할 때, 「E.T.」에 나온 외계인 같은 모습은 싫다. 광고라는 영역 때문에 머리는 비대하게 크고, 다른 영역은 왜소한 팔다리로 묘사되고 싶지 않다. 내 인생은 광고라는 영역을 뛰어넘어 존재하는 것이므로 그 안에 고립되고 싶지 않다.

내가 광고장이라는 말보다 광고쟁이라는 말을 좋아하는 것도 비슷한 맥락이다. 사전적으로 보면 '쟁이'가 아닌 '장이'가 맞다. '장이'는 대장장이, 석수장이 같은 기술자에게 붙이는 말이다. 15년 넘게 광고를 했으니 광고 기술자라 해도 틀린 말은 아니다. 반면 '쟁이'는 수다쟁이, 거짓말쟁이처럼 성격이나 버릇 따위에 붙인다. 나는 '장이'보다 '쟁이'가 좋다. 광고를 잘할 것 같은 사람처럼 느껴지는 것이 좋다. 동적이고 미래 지향적이며, 항상 변화의 가능성을 내포하고 있는 것 같아서 좋다.

또 광고쟁이라는 말이 더 좋은 이유는 나를 낮추는 겸양의 의미도 있기 때문이다. '장이'라는 말 속에는 '장인匠人'의 의미가 있다. 단순한 기술자가 아니라 혼을 담아 생산물을 만들어 내는 자본주의 이전의 정신이 느껴진다. 중학교 시절, 교과서에 「방망이 깎던 노인」

이란 수필이 있었다. 장이라는 말은 물건을 요구한 사람의 사정은 아랑곳하지 않고, 묵묵히 방망이를 깎던 노인의 고집과 정신이 깃든 말처럼 느껴진다. 고백건대 나는 노인의 그런 고집과 정신을 아직까지 갖지 못한 광고인이다.

사실 내가 생각하는 광고는 방망이 깎던 노인의 고집이나 정신과는 거리가 있다. 내게 광고는 스페셜리스트specialist가 아니라 제너럴리스트generalist를 필요로 하는 일이어서 좋다. 명함에는 광고 기획자로 적혀 있지만 카피나 아트, 심지어 감독 역할까지도 필요할 땐 해야 하는 일이어서 좋다. 금융뿐 아니라 아이스크림 시장까지 두루 공부해야 하고, 일정한 수준에 도달한 다음 아는 것만 줄기차게 반복하는 일이 아니어서 광고가 좋은 것이다. 하나의 일이 끝나면 그것의 성과와는 무관하게 원점에서 다시 다른 일을 시작해야 하는 일이 광고다. 어느 정도의 수준에 오르더라도 배움이 멈추는 순간 더 나아갈 수 없기 때문에 광고가 좋은 것이다. 광고의 이런 제너럴한 면이 나는 참 좋다.

광고인이란, 매일 똑같은 일만 하는 다른 직업들은 지겨울 것 같아서 이 길을 선택한 사람들이라고 생각한다. 얼마 전 〈굿 닥터〉라는 드라마를 보다가 무릎을 친 적이 있었다. 소아외과 부교수인 도한이 레지던트 1년 차인 시온에게 소아외과가 제너럴 서전General Surgeon으로 불리는 이유를 설명하는 장면이었다. 그것은 소아의 전 기관을 다루기 때문이기도 하지만, 소아는 신체가 성장하는 단계여서 변수가 많고 진단, 수술, 치료의 양상이 다르며 이 모든 변수와 가능성을 예측해야 하기 때문이라는 것이다. 정확히 광고도 그렇다. '소아'라는 단어를 '브랜드'로 바꾸면 꼭 맞다. 소아외과가 제너럴 서전을 필요로 하는 것과 똑같은 이유로 광고는 제너럴리스트를 필요로 하는 직업이다.

더불어 광고하는 사람은 리버럴리스트liberalist가 되어야 한다. 모든 것에 열린 태도를 고수하는 것, 이것이 리버럴리스트, 광고인의 조건이다. 『논어』에 나오는 '화이부동'은 광고인에게 필요한 이런 특성을 잘 표현하는 말이다. "군자는 화이부동和而不同하고 소인은 동이불화同而不和한다"라고 했다. 군자는 하나로 획일화하지 않으면서 평화로운데, 소인은 별 차이도 없으면서 불화한다는 뜻이다. 차이와 다름을 존중해야 한다. 나와 다른 의견, 다른 생각을 가진 사람들과 평화롭게 공존해야 한다. 내가 돋보이기 위해 타인을 극복의 대상으로 생각하는 것은 불관용의 전형이다. 차이를 찾아내고, 만들어 내고, 그것을 억압과 배제의 근거로 삼아서는 안 된다. 광고인에게 다름은, 때론 존재의 이유이기도 하다는 사실을 잊지 말아야 한다.

그리고 꿈꾸는 것을 포기하지 말아야 한다. 내 눈에 비친 광고인들은 주체하지 못하는 '끼'와 '재능'을 하나쯤 가지고 있는 사람들이다. 그 끼와 재능이 직업은 곧 인생이라는 착각 때문에 소멸되지 않았으면 좋겠다. 나는 광고인을 뛰어넘는 위대한 광고인이 우리나라에도 빨리 나왔으면 좋겠다. 벨기에의 초현실주의 작가 르네 마그리트(René Magritte, 1898~1967), 팝 아트 창시자 앤디 워홀(Andy Warhol, 1928~1987, 미국의 미술가이자 영화 제작자), 시각 디자이너 밀턴 글레이저, 영상의 마술사로 불리는 미셸 공드리(Michel Gondry, 1963~ , 프랑스 영화감독) 등은 광고인을 뛰어넘은 위대한 광고인들이다. 그들의 공통점은 광고라는 직업군 안에서 또 다른 꿈을 포기하지 않았다는 것이다. 만약 그들이 직업을 인생의 목표로 삼았다면, 광고인이라는 존재론적 한계를 뛰어넘지 못했을 것이다. 그저 성공한 광고인에 머물렀을 것이다.

현실 저 너머를 보기를 권하고 싶다. 알랭 드 보통(Alain de Botton, 1969~ , 스위스의 소설가)의 『왜 나는 너를 사랑하는가』에는 이런 구절이 있다. "마르크스주의자들은 보답받지 못하는 사랑에 빠져서 자신의 사랑이 보답받기를 갈망하지만, 무의식적으로 자신의 꿈이 공상의 영역에 남아 있는 것을 더 좋아한다." 체 게바라(Ché Guevara, 1928~1967, 아르헨티나의 혁명가)는 "우리 모두 리얼리스트가 되자. 그러나 가슴속에는 불가능한 꿈을 가지자!"라고 거든다. 그리고 괴테(Johann Wolfgang von Goethe, 1949~1832, 독일의 소설가)는 "불가능을 꿈꾸는 사람을 나는 사랑한다"라고 고백하지 않았던가?

역사 이래로 현실은 부조리의 세계였다. 결핍의 세계이고 불만족의 세계다. 온갖 모순이 뒤엉켜 있는 곳이 현실이다. 이런 현실을 극복하려는 의지나 노력이 없는 사람을 우리는 사랑할 수 없다. 꿈을 이룰 가능성이 거의 없어 보이더라도 꿈을 갖는 것, 그 자체가 중요하다. 왜냐하면 꿈꾸는 자는 언제나 현실에 매몰되지 않고, 현실 저 너머의 이상理想을 견지하기 때문이다. 그리고 현실 저 너머를 꿈꿀 때에만, 우리는 우리 안에 잠자는 거인을 깨울 수 있기 때문이다.

스스로를 '광고장이'로 부르고 싶은 광고인이 있다면, 다른 사람의 말과 시선을 지나치게 무겁게 느끼지 않았으면 싶다. 그리고 무거운 짐을 혼자 짊어지지 말았으면 좋겠다. 인생이 황폐한 사막으로 변하고, 동료가 방관자로 느껴질 때는 더더욱 그렇다.

유쾌해야 한다. 광고도, 인생도.

명랑한 광고 회사

    광고 회사는 명랑해야 한다. 기본적으로 재미를 추구하려는 생각이 바탕이 되어야 한다. 그것은 광고 회사가 진지해질수록 크리에이티브는 진부해질 수 있다는 생각 때문이다. 이런 생각의 얼개들 속에 재미있는 가설 하나를 세운 적이 있다. 광고인들은 광고 회사가 다른 회사들보다 더 재미있을 것 같아 선택한 사람들일 것이라는 가설이다. 책이나 영화 같은 문화 콘텐츠 속에서 만난 광고 회사들은 하나같이 다른 회사들보다 재미있어 보였다. 그리고 내가 만났던 많은 선배 광고인들은 나의 가설이 틀리지 않았음을 기쁘게 증명해 주었다. 지난날 산업 사회 시절, 선배 광고인들의 광고 회사는 재미있었다. 하물며 지금은 지식 사회knowledge society의 시대다.

    지식 사회라는 새로운 패러다임의 시대, 광고 회사는 더더욱 재미

있어야 한다. 지식 사회에서 '논다play'는 것의 위상은 과거 300년간 산업 사회에서 '일한다work'는 것이 차지했던 위상을 대신할 터이기 때문이다. 지식 사회에서는 일이 아닌 놀이가 뭔가를 인지하고 행동하며 가치를 창조하는 방법을 지배하게 될 것이라는 사실을 믿어 의심치 않는다.

하위징아(Johan Huizinga, 1872~1945, 네덜란드의 역사가)는 이미 100여 년 전에 『호모 루덴스Homo Ludens』에서 놀이에 대한 남다른 통찰을 피력했다. 그는 '(합리적으로) 생각하는 인간'이란 뜻의 '호모 사피엔스Homo Sapiens'도, '(물건을) 제작하는 인간'이라는 뜻의 '호모 파베르Homo Faber'도 인간을 제대로 규정하기에는 미흡하다고 지적한다. 그리고 호모 파베르 옆에, 그리고 호모 사피엔스와 같은 수준으로 인류를 지칭하는 용어 리스트에 '놀이하는 인간', 즉 '호모 루덴스'를 등재시켜야 한다고 주장했다.

하위징아는 진정한 문명은 놀이 요소 없이는 생겨날 수 없다고 단언한다. 인류의 문명은 놀이에서 생겼고, 놀이를 통해 발전해 왔다는 것이다. 이런 참신한 발상은 인간 본성에 대한 오랜 논쟁에서 얻은 통찰이었다. 토머스 홉스(Thomas Hobbes, 1588~1679, 영국의 철학자)는 투쟁하는 인간으로, 존 로크(John Locke, 1632~1704, 영국의 철학자)는 탐욕적 인간으로, 제러미 벤담(Jeremy Bentham, 1748~1832, 영국의 철학자)은 쾌락적 인간으로 인간의 본성을 규정한다. 그리고 이런 인간의 본성이 인류 문명을 진화시켜 왔다고 주장한다. 인간 본성에 대한 이 오랜 논쟁들은 하위징아에게 인간의 놀이 본능이 인류 문명을 진화시켜 온 힘이라는 깨달음과 확신을 제공했다. 하위징아는 여기에 '놀이'라는 인간 본성에 대한 새로운 아이디어를 내놓음으로써 인류 문명의 진화에 대한 새로운 견해를 피력한 것이다.

인간 본성에 관한 오랜 논쟁들이 인간의 물질적 이기심에 대한 통찰이었다면, 하위징아는 놀이의 본질적 특성으로 '경쟁'을 제시했다. 그리고 문명의 진화를 가져온 경쟁의 원형을 고대 그리스인들의 삶에서 찾았다. 고대 그리스인들은 생활 자체가 경쟁으로서의 놀이였다. 그들은 경쟁의 성격을 가진 모든 것을 경기로 만들었는데, 이를 아곤agon이라 불렀다. 아곤은 그리스어로 '경쟁'을 뜻한다. 고대 그리스인들의 이런 삶을 설명하는 좋은 사례가 알렉산드로스(Alexandros the Great, B.C. 356~323) 대왕의 일화다. 어느 날, 칼라노스라는 부하 장수가 죽었다. 대왕은 슬픔을 달래려고 아곤을 개최했다. 술을 가장 많이 마시는 사람에게 상금을 주는 아곤이었다. 참가자 가운데 35명이 현장에서 죽고, 나중에 6명이 더 죽었다. 그중에는 우승자도 있었다고 한다. 이처럼 고대 그리스의 아곤은 놀이의 요소와 적절히 결합하여 고대 그리스인들의 구체적인 삶에 영향을 미쳤다.

하위징아는 『호모 루덴스』에서 예술은 물론 사회 전 분야에 걸쳐 아곤과 놀이의 결합이 미친 영향을 분석하고 있다. 또한 놀이의 요소가 철학, 신화, 소송, 전쟁, 정치와 같은 거시적인 영역뿐 아니라,

의복이나 음식, 상거래와 같은 일상생활의 영역에도 깊숙이 개입되어 있음을 증명하고 있다.

굳이 하위징아를 언급하지 않더라도, 인류 문명의 진화가 새로운 것에 대한 선의, 익숙하지 않은 것에 대한 호의와 같은 것을 동력으로 삼고 있다면, 놀이는 분명 인류 문명의 진화에 기여한 인간의 주요 본성 가운데 하나다. 통계적으로 증명하진 못하겠지만, 경험적으로 보아도 진지하게 사는 사람들보다는 재미있게 사는 사람들이 훨씬 창의적이다. 그리고 더 잘 논다. 진지한 사람들은 과거에 지나치게 매달리는 경향이 있고 매사에 지나치게 신중하다. 이런 사람들에게 새로운 것, 익숙하지 않은 것은 그냥 불편한 것이다. 새로운 것, 익숙하지 않은 것으로도 재미있게 노는 것이 중요하다. 창의성이란 노는 가운데 얻는 일종의 깨달음이다. 모든 것을 살피고 모든 것이 익숙해지기를 기다려서는 한 발짝도 나아갈 수 없다.

마시멜로 챌린지marshmallow challenge라는 4인 1조 협동 학습 프로그램이 있다. 제한 시간 18분 동안 마시멜로 탑을 쌓는 놀이다. 스파게티 면(스틱) 20개, 약 1미터의 테이프와 실 그리고 한 개의 마시멜로가 놀이 도구다. 조건은 간단하다. 제일 꼭대기에 마시멜로가 있어야 하고 가장 높이 쌓는 팀이 이기는 놀이다. 마시멜로 챌린지는 학교나 회사, 심지어 대학원, CEO 모임에서도 자주 시행되며 놀이와 창의성의 관계를 잘 보여 준다.

마시멜로 챌린지를 통해 발견할 수 있는 한 가지 공통점은 창의성과 지식은 별다른 상관관계를 보이지 않는다는 사실이다. 지금까지 가장 최악의 결과를 낸 팀은 MBA를 갓 졸업한 팀이었다고 한다. 반면 어린아이들이 이 게임을 가장 잘한다고 한다. 두 팀의 가장 큰 차이는 이런 것이다. MBA를 갓 졸업한 팀은 주도권을 잡은 한 사람이 합리적 사고를 통해 여러 방법들을 하나의 최적화된 방법으로 만들어 협상하고 건설하려 한다. 반면 어린아이들은 끊임없이 시도하고 또 시도한다. 아이들에게는 놀이의 모든 과정이 실패와 재발견을 거듭하는 건설 과정인 것이다. 모든 과정 속에 프로토타입prototype과 개선이 끊임없이 반복되는 것이다. 결과적으로 두 그룹의 차이는 구상과 실행의 분리와 결합에서 만들어진다. 지식인 그룹은 구상과 실행의 영역이 시간 차를 두고 분리되어 진행되지만, 놀이를 놀이로 받아들이는 그룹은 구상과 실행이 결합된 모습을 보여 준다. 결국 차이는 실행력이다. 창의성은 머리가 아니라 손과 발이 만들어 내는 것이다.

놀이는 아이디어의 향연이다. 이렇게 해 보고 저렇게도 해 보면서 노는 것이 놀이다. 규칙은 나중에야 구체화되는 것이다. 게다가 놀이의 규칙은 획일적이지 않다. 아랫동네와 윗동네의 규칙이 다르고, 상급자와 초보자의 규칙이 다른 법이다. 놀이에서는 이것저것 해 보는 것이 가장 중요하다. 빨리 실행함으로써 새롭게 생각하는 것이 놀이의 미덕이다. 빠른 실행을 통해, 아이디어를 보탤 수 있는 기회를 더 많이 갖는 것이 더 중요한 것이다.

내가 처음 광고를 시작하던 시절을 되돌아보면, 요즘의 광고 회사는 지나치게 합리성과 효율성을 강조하는 경향이 있다. 광고 회사들이 조금만 더 여유를 가졌으면 싶을 때가 있다. 마시멜로 챌린지에서 보여 준 MBA 졸업 팀의 실패 사례를 주목할 필요가 있다. 우리가 알고 있는 일반 광고의 프로세스는 기준을 보여 주는 것이지 원칙이나 법칙이 아니다. 광고뿐 아니라 세상일이 다 그렇듯 목표에 도달하는 데는 수많은 방법론이 존재한다. 어떤 때는 단번에 도달할 수도 있겠지만, 어떤 때는 훨씬 복잡하고 다이내믹한 방식이 필요할 때도 있다. 마시멜로 챌린지의 어린아이들처럼, 조금 답답해 보이더라도 기다려 주는 여유를 잃어서는 안 된다. 조금 더뎌 보이더라도 그것이 빨리 가고 잘 가는 길임을 믿을 수 있어야 한다.

　놀이의 이런 메커니즘에 대해 사람들이 조바심을 내며 걱정하는 이유는 놀이의 정신이 사라졌기 때문이다. 하위징아는 문명과 함께 진화하던 놀이의 정신이 19세기에 소멸했다고 주장한다. 산업 혁명과 함께 노동과 생산이 시대의 이상이자 우상이 되면서 놀이의 정신이 사라졌다는 것이다. 20세기 역시, 겉으로는 놀이가 아주 많아진 것 같지만, 놀이의 정신은 복원되지 않았다. 노동과 생산의 자리를 여가와 소비가 물려받았을 뿐, 달라진 것은 거의 없다. 보드리야르(Jean Baudrillard, 1929~2007, 프랑스의 철학자)는 이것을 '디즈니랜드 효과'를 통해 분석하고 있다. 디즈니랜드 효과는 디즈니랜드를 미디어로 치장된 화려한 가상의 공간으로 느껴지게 함으로써 디즈니랜드

바깥 공간이 마치 실재하는 것처럼 느끼게 만드는 효과를 말한다. 보드리야르가 보기에는 디즈니랜드의 바깥 공간은 노동과 생산이라는 이데올로기로 가득한 공간인데, 디즈니랜드는 대중들로 하여금 그것을 잊게 만드는 장치라는 것이다. 거칠게 말하면, 20세기는 여가와 소비의 이데올로기로 가득한 디즈니랜드와 같은 장치들을 통해 노동과 생산의 이데올로기로 가득한 실재의 세계를 허구인 듯 은폐해 왔던 것이다.

우리는 20세기를 넘어 21세기를 살고 있다. 지금은 노동과 생산이 아닌 여가와 소비가 강조되는, 놀이의 정신을 복원하기에 좋은 시대다. 마시멜로 챌린지가 증명하듯, 놀이는 창의성과 맞닿아 있다. 그런 의미에서 21세기 놀이의 정신을 복원하는 데 창의성을 요구하는 광고 회사만큼 좋은 조건을 갖춘 곳도 없는 것 같다. 명랑한 광고 회사가 많아졌으면 좋겠다. 다시 부연하지만 광고 회사가 진지해질수록 크리에이티브는 진부해질 수 있기 때문이다. 놀이와 재미와 창의성, 이것들이야말로 21세기 광고 회사의 필수 불가결한 조건이다.

세계 최고의 사진작가 리처드 아베든(Richard Avedon, 1923~2004)은 창의적인 작업을 이어 가기 위해 언제나 '스스로를 놀라게 해 봐! Astonish me!'라는 말을 되뇐다고 한다. 그에게 창의성은 일종의 놀라움이다.

여기서 우리는 흥미로운 사실 하나를 발견할 수 있다. '유레카 모멘트Eureka Moment', 놀라움의 순간에 촬영된 뇌 사진을 보면, 평소에 활동성이 떨어져서 잘 사용되지 않은 곳이나 너무 멀리 떨어져 있어서 동시에 활성화될 가능성이 떨어지는 곳이 놀라움의 순간에 활성화된다고 한다. 그리고 그 순간에 활성화되는 뇌의 이 부분은 평소 '유머humor'를 사용할 때 활성화되는 곳이라는 사실이다.

글을 쓴다는 것

가끔은 광고가 재미없을 때가 있다. 광고가 너무 소모적이어서 내가 왜 이러고 있나? 하는 생각이 들 때가 있다. 하지만 이런 생각은 지극히 개인적인 감상이라는 점을 미리 전제해 두는 것이 좋을 듯싶다. 광고인 중에는 광고가 좋아서 미칠 것 같은 사람들도 꽤 있다.

광고하는 사람들은 하나의 광고를 위해 세상 전체를 바꿀 것 같은 열정을 쏟아붓는다. 그런데 이런 수고는 대부분 파도 거품처럼 하릴없는 것이 되는 경우가 많다. 열정과 무관하게 실제로 광고로 만들어지는 경우는 매우 미미한 까닭이다. 광고로 만들어지는 기회를 갖더라도, 광고의 생애 주기는 지극히 짧다. 왜냐하면 광고는 사회적 맥락 속에서만 이해되고 소비되기 때문이다.

광고는 제품이나 사용자, 경쟁 상황과 같은 직접적인 고려 사항

외에 문화적, 사회적 상황에도 영향을 받는다. 거칠게 말하면, 새로운 광고의 아우라는 태어날 때부터 이미 유통 기한을 가지고 태어난다. 그리고 유통 기한의 속도는 점점 빨라지고 있다. 제아무리 크게 히트한 광고도 6개월만 지나면 촌스럽고 때론 우스꽝스럽기까지 하다. 광고인들은 광고가 살아 움직이는 잠깐의 시간을 위해 그보다 훨씬 많은 시간과 노력을 쏟는다. 광고는 이렇듯 에너지 소모가 많은 일이다.

더불어 공동의 작업인 광고는 그 자체로 매력적이지만 그 때문에 상처받는 일도 많다. 광고는 합의를 통해 이루어진다. 나 혼자 좋다고 할 수 있는 일이 아니다. 모든 스태프들의 합의가 이루어지지 않으면 살아 움직이는 광고는 태어날 수 없다. 광고 회사가 "유레카!"를 외치며 찾은 훌륭한 아이디어라 할지라도, 광고주의 합의가 없으면 한 발짝도 떼지 못하는 것이 광고다. 100퍼센트 옳다고 믿어도 혼자 힘으로 밀어붙일 수 있는 일은 소소한 것뿐이다. 그것이 광고다. 때문에 광고는 감정 소모가 많은 일이다.

광고 만드는 일이 쓸데없는 에너지와 감정을 소모하는 일이라는 생각이 머릿속을 맴도는 때가 있다. 자신이 좋아하는 광고를 계속하려면 이 시기를 잘 넘겨야 한다. 사람마다 편차가 있겠지만, 나는 온전히 나에게 집중하는 것으로 이 시기를 건넜다. 혼자 여행을 떠난다든지, 축구나 골프 같은 스포츠에 집중하는데 이런 것은 양약 처방에 그칠 때가 많다. 나의 무력감을 떨쳐 내는 가장 좋은 방법은 글

쓰기이다. 관심 있는 분야의 자료들을 정리하고, 주제별로 스크랩하고, 일정 수준 이상이 되면 글을 쓴다. 광고가 쓸데없는 에너지와 감정을 소모하는 일이라는 생각에 반해, 글 쓰는 일은 온전히 자신의 세계를 구축하는 데 에너지와 감정을 소비하는 일이다. 자신의 관심 분야와 생각을 스스로 결정하고 만들어 가는 일이다.

글쓰기를 시작한 계기가 있었다. 대학 동문들과 매달 한 차례씩 여는 세미나가 있었다. 각자의 분야에서 활동하고 있는 동문들의 일과 주요 관심사 등을 자유롭게 발표하고 공유하는 자리였다. 드라마 작가의 세계로 들어갔다가, 음악 치유에 관한 깊이 있는 견해를 접했다가, 스페인 산티아고 순례 길을 여행한 경험을 듣는 등 세상 사는 온갖 이야기들을 나누는 세미나였다. 그러던 중, 현대자동차 미래트렌드연구소의 팀장 자리를 그만두고 고향 울산으로 내려가는 선배의 발제가 있었다.

당시 그 선배의 나이가 마흔, 조직에서 한창 꽃을 피울 나이였다. 많은 동문들이 그런 결정을 내린 이유를 궁금해하며 세미나에 모였다. 한데 그 이유가 너무 간단했다. 주변 사람들이 보기엔 갑작스러운 결정처럼 보이지만, 선배에게는 자신의 전체 인생 스케줄 가운데 하나일 뿐이라며 덤덤하게 말하던 기억이 난다. 선배는 5년 단위로 인생의 목표를 세우는데, 그중 하나가 고향으로 내려가는 것이었다고 했다. 세미나의 나머지 시간은 그 이후 5년 단위의 인생 목표에 대한 이야기를 듣는 것으로 채워졌다.

릴레이 세미나 포스터. 릴레이 세미나는 강남역 인근 SIDA라는 곳에서 주로 열렸다. 일본어 어원의 '시다(일본어 표현, 옆에서 일을 거들어 주는 사람)'라는 말과 중의적으로 읽혀서 세미나 이름을 '시다'라고도 불렀다. 나는 세미나 때마다 간단한 포스터를 만들었다.

사람들은 보통 먼 미래의 목표를 세운다. 이런 목표의 맹점은 목표가 현재의 생활에 어떤 강제력도 행사하지 못한다는 데 있다. 물론 사람마다 다르겠지만, 나의 경우는 그랬다. 반면 5년 단위로 세우는 목표는 매우 구체적이어서 현재의 생활을 돌아보게 만든다. 목표를 완수할 일정과 기한을 정하는 것만으로도 상당한 강제력을 가진다. 그때 나는 첫 5년의 목표로 내 이름의 책을 출간하겠다는 목표를 세웠다. 그때부터 틈틈이 글 쓰는 습관이 시작되었다.

　책을 펴낸다는 것은 사실 쉬운 일이 아니다. 광고 기획서는 논리의 흐름이 한 호흡으로 이루어진다. 하지만 책은 다르다. 하나의 맥락을 벗어나지 않으면서 긴 분량을 채운다는 것은 결코 만만한 작업이 아니다. 이런 의미에서 '시'보다는 '소설'이 더 깊은 내공을 필요로 하는 작업이라고 생각한다.

　첫 5년의 목표를 세우고 개인적으로 작지 않은 변화들이 있었다. 금강기획(금강오길비)을 그만두고, 뿔커뮤니케이션즈라는 곳에 새 둥지를 틀었다. 회사는 작았지만, 내가 챙기고 해야 할 일은 많아진 탓에 처음 세운 인생의 목표도 잠시 주춤했다. 뿔에서의 두 계절이 지나고 경쟁 PT가 뜸한 겨울을 보내면서 30대에 책을 내겠다는 목표가 생각났다.

　새로운 2007년이 시작되고 있었다. 목표는 이내 실행으로 옮겨 갔다. 주제는 스포츠, 특히 축구 쪽으로 맞췄다. 당시는 프리미어 리그뿐 아니라 유럽 축구에 대한 관심이 최고조에 달해 있었다. 맨체스터 유나이티드의 박지성, 토트넘의 이영표, 울버햄튼의 설기현, 프랑크푸르트의 차두리와 뒤스부르크의 안정환, 터키 리그 이을용까지, 태극 전사들의 유럽 리그 진출이 러시를 이루던 때였다. 석사 논문을 위해 모아 두었던 축구의 역사와 스포츠 이론에 관한 자료들을 정리했다. 새로 나온 단행본들을 읽고, 관련 뉴스들을 스크랩하며 방향을 세웠다. 그냥 그러고 있던 중이었다. 한데 거짓말처럼 출간 의뢰가 들어왔고, 『퍼거슨 리더십』이라는 책을 펴냈다.

스포츠서울에 다니던 후배가 있었다. 2007년 3월쯤 술자리를 가졌는데, 전날 두 골을 기록하며 최고의 경기력을 보여 준 박지성 이야기로 이어졌다. 오랜 부상으로 출전하지 못하다 오랜만에 선발 출장한 볼턴 원더러스Bolton Wanderers전이었다. 마신 술의 양과 비례해 축구 이야기는 점점 더 무르익어 갔다. 대부분의 스포츠가 귀족 계급에 의해 시작된 반면 축구는 영국 하층 노동자들의 절대적인 지지를 받으며 시작되었다는 이야기, 중세에는 축구 때문에 사상자들이 빈번하자 국가가 금지령을 내려 축구를 통제했다는 이야기, 근대에 이르러 옥스퍼드 대학에서 축구와 럭비를 분리시키면서 오늘날의 형태를 갖추게 되었다는 이야기, 축구의 세계화와 그 영향력에 대한 이야기까지, 축구 이야기로 밤을 새웠다.

그리고 몇 주 뒤 후배에게 연락이 왔다. 한 출판사에서 맨체스터 유나이티드에 대한 책을 기획하고 있다는 것과 내가 할 수 있는지에 대한 의사 타진이었다. 문제는 시간이었다. 5월에 책이 나와야 하므로 한 달밖에 시간을 줄 수 없다는 것이었다. 나는 겁도 없이 흔쾌히 맡겠다고 했다. 왜냐하면 30대에 책을 내야 했으니까!

책을 출간하게 된 일련의 과정들을 겪으면서 나는 이런 생각을 했다. 2007년을 맞으며 새로운 에너지를 쏟아 낼 대상을 찾지 않았다면, 당장의 일과는 무관한 축구에 시간과 노력을 투자하는 것을 쓸데없는 일로 치부했다면, 30대에 내 책을 펴내겠다는 목표는 이루지 못했을 것이다. 가끔 일을 하다 보면 내가 왜 이런 비생산적인 일을 하고 있는지 자책할 때가 있다. 그런데 조금만 더 생각해 보면, 세상에 쓸데없는 일은 없다는 것을 알게 된다. 그것을 자신의 지적 향상으로 축적하려는 노력과, 자신의 열정과 소망과 끊임없이 연결시키려는 생각만 있다면 더 그렇다.

책을 펴냈지만, 아쉬운 점도 많았다. 나는 축구에 대한 통사론적인 관점에서 맨체스트 유나이티드라는 팀의 이야기를 하고 싶었다. 또 글로벌리제이션globalization이라는 현재적 관점에서 맨유의 성공과 한계에 대한 이야기를 하고 싶었다. 그런데 출판사 쪽 생각은 달랐다. 스포츠 코너가 아닌, 출판 시장에서 돈이 되는 경영학 코너에 책을 진열하기를 원했고, 퍼거슨(Alex Ferguson, 1941~ , 영국의 축구인)이라는 핫한 인물을 내세우고 싶어 했다. 나는 인쇄 직전에야 책 제목이 '퍼거슨 리더십'으로 정해졌고, 다른 저자와 함께 단행본으로 출간된다는 것을 알았다. 결과적으로 전혀 다른 기획에서 시작한 내용의 글과 섞이면서 다소 이상한 책이 태어나고 말았다.

나의 40대 목표 중 하나는 내가 만족할 만한 책을 다시 만드는 것이었다. 지금 이 글을 쓰고 있는 것이 40대 처음 5년의 내 목표다. 5년 단위의 내 인생 목표는 정해져 있다. 그것은 지킬 수도 있고, 못 지킬 수도 있다. 중요한 것은 목표를 갖는다는 것 그 자체다. 40대, 나중 5년의 인생 목표는 외국에서 1년 이상 거주하는 것이다. 50대의 인생 목표는 1년간 세계를 여행하는 것이다. 그리고 이런 경험들을 글로 써내는 것이 또 다른 내 인생의 목표다.

의도한 바는 아니지만, 내 인생의 목표는 언제나 광고와 무관한 것들이었다. 나는 광고라는 것이 내 인생의 목표가 될 수 없다고 생각한다. 광고는 직업이고 일이다.

직업을, 일을, 인생의 목표로 삼는 삶은 행복해질 수 없다. 그것이 나의 생각이다.

내 친구 강봉진

 나는 종이 신문 보는 것을 좋아한다. 괜찮은 기사들은 막 찢어서 모아 놓는 습관이 있다. 양이 넘쳐서 더 이상 정리하지 않으면 안 될 상황이 되었을 때, 나는 그 기사들을 꺼내 읽는다. 다시 읽어 봐도 괜찮다고 생각되는 기사들은 나의 언어로 정리해 폴더에 저장한다. 폴더에 저장된 글들은 가끔, 아주 가끔 꺼내서 다시 읽어 본다.

 2012년 여름, 나는 지독한 무기력증에 시달리고 있었다. 그때 저장되어 있던 신문 기사 하나를 만났다. 1980년대 초반, 맥MAC을 구상하고 탄생시킨 미치광이들의 뿌리를 찾아가는 책 『미래를 만든 긱스Geeks』를 소개한 2010년 5월 7일 자 한겨레신문의 기사였다.

 책은 스티브 잡스(Steve Jobs, 1955~2011)에 관한 이야기다. 그러나 우리의 이미지 속에 있는, 청바지에 티셔츠를 입고 나와 혁신적인 제품을 소개하던 깔끔하고 매너 있는 모습의 그가 아니다. 고집불통에 짜증을 잘 내고 말도 함부로 한다. 그는 자신이 만든 세계의 자기장 안에서 모든 일이 처리되고 진행되길 바라는 독선적인 인간이다. 그와 함께 일했던 직원들은 그 자기장을 '현실 왜곡장reality distortion field'이라고 불렀다. 잡스와 함께 일했던 버드 트리블은 잡스가 있는 자리에선 현실이 이리저리 변한다고 회고한다. 잡스는 누구에게나 무엇이든 납득시킬 수 있었다고 한다. 그런데 그가 사라지면 현실 왜곡장도 함께 사라지고 그제야 불가능한 현실이 보였다고 증언한다. 기자는 잡스의 현실 왜곡장을 "카리스마 있는 달변, 불굴의 의지, 눈앞의 목적에 맞게 현실마저 굴복시키려는 열의가 당황스러울 정도로 뒤섞인 그 어떤 것"이라고 표현하고 있었다.

스티브 잡스가 죽고 1년이 지난 시점에, 그가 죽기 1년 전에 나온 기사여서 나의 관심을 끌었던 듯싶다. 나는 기사를 읽으면서 내 친구 강봉진 생각이 났다. 강봉진도 잡스처럼 현실 왜곡장을 만들어 내는 친구였다. 사실 현실 왜곡장이 일어나는 메커니즘 자체는 의외로 간단하다. 상식을 뛰어넘는 생각을 가지고 스스로 그것을 내면화한다. 그리고 주변 현실을 자신의 생각대로 맞추는 것이다. 맞추는 것이 쉽지 않을 때는 변하게 만들면 된다. 마지막으로 다른 사람들로 하여금 집요하게 그것을 믿도록 만든다.

잡스와 강봉진의 다른 점은 잡스는 그럴 만한 지위에 있었지만, 강봉진은 평범한 광고 회사의 CD(creative director)였다. 광고는 공동의 작업이라는 점에서 '내 것'이라고 하기가 어렵다. 그럼에도 불구하고 강봉진은 광고 회사는 물론 그를 둘러싼 모든 스태프가 오로지 자신의 크리에이티브를 위해 일해야 한다는 확고한 신념을 가지고 있었다.

현실 왜곡장과 함께 강봉진을 표현하는 또 하나의 열쇳말은 에고 트립ego-trip이다. 사전적 의미는 '이기적, 자기 본위적 행위' 또는 '자기도취 행위'다. 말 그대로 제멋대로 자기를 과시하는 행동이다. 『예술가처럼 자아를 확장하는 법』에서는, 에고트립을 성공한 예술가의 중요한 덕목으로 꼽는다. 남들보다 훨씬 큰 '자아'를 가진 사람이 예술가로 성공할 가능성이 크다는 것이다. 실제로 강봉진은 에고트립 대왕이라고, 감히 단정 지어 말할 수 있다. 나와 함께했던 라푸마와 엑스캔버스 광고는 강봉진이 아니면 만들 수 없었을 것이다.

LG패션의 라푸마 광고는 강봉진의 배짱과 크리에이티브에 대한 자기 확신을 보여 주는 하나의 사건이었다. 광고 촬영 직전인 PPM(pre-production meeting) 단계에서 알게 된 세계 유일의 암벽 퍼포먼스 그룹 반달루프

LG패션 라푸마 광고

BANDALOOP 팀을 섭외하고, 이탈리아 북부의 돌로미티Dolomiti까지 가서 촬영하고, 광고주가 원하는 날짜에 온에어시킬 수 있었던 것은 그가 아니면 불가능했다. 일본의 패션 디자이너 이세이 미야케(三宅 一生, 1938~)의 레퍼런스reference를 활용하는 과정에서 다소 문제가 있었지만, LG전자 엑스캔버스 광고도 비슷한 맥락의 과정을 거쳤다.

　에고트립에 갇힌 대부분의 예술가들이 그렇듯, 강봉진도 주위 사람들을 힘들게 했다. 문명화된 사회에서 누가 누군가에게 권력을 행사하는 것이 정당화되는 유일한 경우는 다른 사람에게 피해를 주는 것을 막을 때뿐이어야 한다고 생각한다. 그런 측면에서 강봉진에 대한 비판의 지점은 분명 있다. 하지만 그럼에도 불구하고 강봉진은 세상으로부터의 피해 의식에 사로잡혀 있었다는 변명을 하고 싶다. 실제로 강봉진은 겉으로는 사람들을 한없이 밀어냈지만, 속으로는 사람들을 한없이 갈구했다.

　내가 보기에, 강봉진은 '스탠드얼론stanop-alone 콤플렉스'*에 시달렸다. '스탠드얼론'이란 대개 컴퓨터와 같은 연산 처리 장치가 다른 장치들과 연결되지 않은 상태를 가리킨다. 스탠드얼론 콤플렉스는 자신이 연결망에서 끊어져 스탠드얼론 상태에 있는 걸 불안해하는 증상을 말한다. 강봉진은 세상과 소통하는 일을 하는 광고인이었

---

* 인간의 두뇌가 전자 두뇌화된 가까운 미래 사회를 그린 SF 애니메이션 걸작, 〈공각기동대〉의 TV판 부제가 '스탠드얼론 콤플렉스'다.

지만, 사람들과 소통하는 법은 잘 알지 못했다. 오히려 세상 사람들은 강봉진이 스탠드얼론 상태를 즐긴다고 믿었다. 그렇게 우리는 강봉진을 내버려 두었다.

스페인 화가 프란시스코 고야(Francisco Goya, 1746~1828)는 「이성의 잠은 괴물을 낳는다」는 작품을 남겼다. 나는 이 작품을 보면서 내 친구 강봉진을 떠올렸다. 깊은 잠에 빠진 듯, 한 남자가 책상에 엎드려 있다. 그 남자는 무척 힘들어 보이고 무기력해 보인다. 남자 뒤로 부엉이와 박쥐, 살쾡이가 마치 괴물처럼 호시탐탐 그를 덮칠 듯 노려보고 있다. 남자는 저항하기는커녕 눈치조차 채지 못하고 있다.

1799년이라는 제작 연도로 볼 때, 이 작품은 이성보다 미신과 무지가 횡행하던 중세에 대한 시대 비판적 성향이 강한 작품이다. 그런데 나는 이 작품을 볼 때마다 현대의 자화상 같아서 섬뜩한 느낌마저 든다. 미신과 무지가 냉소와 무관심으로 대체되었을 뿐, 현대인의 삶은 백척간두百尺竿頭에 서 있는 것처럼 더욱 위태로워 보이기 때문이다. 현대는 냉소와 무관심이라는 괴물의 탄생을

프란시스코 고야의 판화집 「카프리초스」 No.43 작품. 나는 이 작품에서 현실에 무기력한 현대인의 슬픔을 보았다.

막기 위해 항상 깨어 있는 이성을 더욱 필요로 하는 시대다.

인간은 니체(Friedrich Nietzsche, 1844~1900, 독일의 철학자)가 말하는 초인Übermensch이 될 수 없다는 사실을 우리는 미처 알지 못했다.

내 친구 '강봉진'이라는 이름의 크리에이터는 2012년 7월, 43세의 젊은 나이에 간암으로 사망했다.

도와주되 간섭하지 않는 사람

광고는 공동의 작업이다. 광고 회사는 광고라는 하나의 목표를 위해 많은 사람들이 어떤 식으로든 의견을 모아 해결책을 만들어 가는 곳이다. 광고 회사에서 하나의 생각으로 논의를 집중시켜 나가는 합의의 과정은 위르겐 하버마스(Jürgen Habermas, 1929~ , 독일의 사회학자)의 공론장Offentlichkeiten이란 개념을 연상시킨다.

공론장의 사전적 의미는 ① 그 안에서 어떤 것이 일반적으로 알려지고, 모두에게 접근 가능한 인간 영역의 총화를 가리키며, ② 알려짐 또는 공개됨의 뜻을 지닌다. ③ 이러한 '접근 가능성'과 '개방성' 외에도 현대 독일어에서는 '공중의 주권'이라는 의미를 함축하고 있다. ④ 언론학에서 이 용어는 PR(public relations)의 뜻으로, 대중 동원 수단으로서의 미디어를 지칭할 때 사용되고, ⑤ 사회학적 의미에서는 '집단화'까지 포괄하는 개념으로 사용되고 있다.

위에서 열거한 의미들을 다시 하버마스 식으로 해석하면, 공론장은 국가와 시민 사회를 매개하는 공론과 여론이 형성되는 곳이고, 시민이 주체가 되어 합의를 창출하고 실현해 가는 과정이 이루어지는 공간인 셈이다. 요즘 디지털 공간에서 회자되는 집단 지성 collective intelligence은 소수의 우수한 개체나 전문가의 능력보다 다양성과 독립성을 가진 집단의 통합된 지성이 올바른 결론에 도달할 가능성이 높다는 전제에서 출발한다. 나는 이런 대중의 지혜에 대한 믿음이 디지털 이전부터 현실에서 쭉 구현되어 왔던 집단이 광고 회사라고 생각한다.

2011년 늦은 봄, 조금 이른 시기에 팀장이 된 나는 공론장 같은 잘 구조화된 팀을 만들고 싶었다. 광고는 공동의 작업이고, 합의를 창출하고 실현해 나가는 것이 무엇보다 중요한 가치임을 잘 아는 팀장이 되고 싶었다. 또 공론장의 핵심인 '토론'을 팀의 문화로 만들고 싶었다. 토론은 기계적 결합을 유기적으로 결합시키는 힘이 있고, 수직적 서열화보다 수평적 연대의 강화에 기여한다고 믿었기 때문이다.

가끔 광고가 공동의 작업이라는 데 동의하지 않는 사람들이 있다. 그들은 합의를 창출하고 실현해 나가는 것을 거추장스럽게 여기는 사람들이다. 그들은 경험과 논리로, 때로는 언어유희로 공동의 작업을 무의미한 것으로 만든다. 토론 문화는 이런 성향의 사람들과 맞서는 좋은 무기다. 지시하고 명령하고 강요하기 좋아하는 강자의 출현을 막고, 강자의 횡포에 맞서는 가장 정당하고 우아한 무기가 토론이다.

반대로 약자들의 연대를 방해하는 현대의 가장 지배적인 흐름은 냉소다. 냉소란 옳지 못하고 잘못된 것임을 알면서도 그것을 행하는 태도다. 책임지는 행위가 아니라 순응하는 행위다. 냉소는 광고 회사에서도 예외가 아니다. 광고 회사는 논리와 논리가 부딪히고, 아이디어와 아이디어가 경쟁하는 곳이다. 대충 묻어 가는 일이 용납되지 않는 곳이다. 모두 알고 있다. 누구의 논리가 탄탄하고 누구의 아이디어가 돋보이는지 모를 수가 없다. 그럼에도 모두가 아는 사실을 외면해야 할 때가 있다. 승자가 되기 위해 싸우기보다 승자의 편에 서야 한다고 생각할 때가 있다. 광고 회사의 냉소는 거기에서 싹튼다.

광고 회사에는 스스로를 승자라고 확신하는 사람들이 종종 있다. 스스로를 강자라고 여기는 이들이다. 다른 사람의 말은 듣지 않고, 자신의 말을 전달하기에 바쁜 사람들이다. 이런 부류의 사람들은 자신의 재능을 정도 이상으로 신뢰하거나 과대평가하는 경향이 있다. 이런 사람들을 상대로 누가 이기는지 한번 해 보자고 싸우는 것은 쉽지 않은 일이다. 피 튀기며 싸운다 한들 상처뿐인 영광이 될 뿐이라는 것을 경험으로 체득하게 된다. 적당히 싸우고, 적당한 시점에 이미 자신이 승자라고 믿는 그 사람의 손을 들어 주는 것이 합리적인 행동이라고 믿게 된다. 독일 철학자 페터 슬로터다이크(Peter

Sloterdijk, 1947~)는 이런 경향들을 '냉소적 이성'이라고 불렀다. 그의 저서『냉소적 이성 비판』은 냉소적 이성이 횡행하는 이유에 대해 이렇게 기술하고 있다.

"냉소주의자들은 바보가 아니다. 그들은 자신들이 무엇을 하는지 알고 있다. 하지만 상황 논리나 자기 보존의 욕망이 그래야 한다고 말하기 때문에 그렇게 행하는 것이다."

냉소적 이성은 관계의 신뢰가 없는 황무지에서 자란다. 신뢰하지 못하기 때문에 자기 생각을 말하고 주장을 펼치는 것을 두려워한다. 결국 사람을 믿지 못하는 것이다. 최근 유행하고 있는 긍정의 심리학은 그런 점에서 문제가 많다. 상황은 긍정적으로 평가하는데, 사람은 부정적으로 평가하는 경향이 있기 때문이다. 상황이나 구조의 문제까지도 개인의 무능력으로 치부해 버린다. 모든 것을 개인의 문제로 몰아가는 이런 분위기는 개인의 창발성과 도전 의식을 짓누른다. 따라서 리더는 그 반대의 인식이 필요하다. 맨파워가 아니라 마인드 파워를 매니징하는 것이 리더에게 더욱 요구되는 덕목인 이유다.

GE의 전 회장 잭 웰치(Jack Welch, 1935~)는 마인드 파워를 매니징하는 자신만의 방식을 가지고 있다. 냉소적 이성을 특히 경계한 그는 조직을 꾸려 나가는 가장 중요한 요소로 '캔더candor'를 꼽는다. 캔더는 '절대 솔직'이다. 잭 웰치는 조직에 대한 불만은 말하지 않는다고 해서 결코 사라지지 않는다고 단언한다. 불만은 시간이 지난다고 증발하지도 않으며 상황이 나아진다고 해소되지도 않고, 마음 한

구석에 켜켜이 쌓여 미움과 불신으로 변질된다는 것이다. 때문에 상대에게 상처가 되더라도 솔직하게 전달하는 것이 불만의 총량을 줄이는 방법이라고 믿었다. 잭 웰치의 통찰은 비단 조직뿐 아니라 모든 인간관계에 적용된다. 선배나 후배, 부모와 자식 등 누구와도 건강한 관계를 오래 유지하고 싶다면, 서로에게 캔더해야 한다. 결코 좋은 게 좋은 것일 수는 없다.

다시 말하지만, 냉소적 이성은 관계의 신뢰가 없는 황무지에서 자란다. 그런데 냉소적 이성이 창궐하는 황무지에서 서로를 캔더하는 상황은 생각만으로도 끔찍하다. 관계의 신뢰는 캔더라는 관계의 정화 장치를 작동시키는 필요충분조건이다. 따라서 리더가 가장 먼저 해야 할 임무는 관계를 회복하는 일이라고 생각한다.

리더는 공동의 목표를 위해 다른 사람들에게 사회적 영향력을 행사하는 사람이다. 그러나 리더의 사회적 영향력이 관계의 신뢰를 회복하는 데 반드시 긍정적으로 작동하는 것은 아니다. 왜냐하면 사회적 영향력에 대한 해석은 리더의 자의식에 의해 결정되고 행사되는 경우가 많기 때문이다. 잘못된 자의식을 가진 리더의 사회적 영향력은 또 다른 잘못된 리더의 출현을 부추기게 된다. 역사적으로 사회악社會惡의 악순환은 수많은 아류들에 의해 강화되고 계승되었다. 밀란 쿤데라(Milan Kundera, 1929~ , 체코의 소설가)는 "아류들은 언제나 자기들에게 영감을 준 자들보다 더 급진적"이라고 충고하고 있다.

나는 팀장이 되면서 리더의 사회적 영향력에 대한 나름의 생각을 정리해 본 적이 있다. 그때 떠오른 것이 '보조성의 원리'였다. 가톨릭 사회사상의 하나인 보조성의 원리는 국가와 같은 상위 단체는 공동체의 구성원을 보호하기 위해 노력하되, 개인의 자율성과 주체성을 부당하게 침해해선 안 된다는 것이다. 그러나 현실은 조직의 이름으로 너무 쉽게 개인의 자율성과 주체성에 상처를 입힌다. 삼류 정치인의 입에서 나오는 '국민'만큼이나 개인에게 자행되는 폭력 앞에 붙는 '조직'이란 말은 주관적이다. 리더는 조직을 보호해야 할 사람이지만, 조직의 이름 아래 가해지는 폭력과 희생으로부터 개인을 보호해야 할 책임도 함께 가진 사람이다.

광고 회사에서 개인의 자율성과 주체성은 개인의 생각과 주장이란 말로 바꿀 수 있다. 광고인들은 스스로 생각하고 결정한 것을 현실화하는 과정에서 의미를 찾는 사람들이다. 이런 맥락으로 보조성의 원리를 광고 회사에 적용한다면, 다음의 한 문장이 될 것이다.

'도와주되 간섭하지 않는다.'

이 문장은 팀장으로서의 나의 다짐들을 집약한 문장이기도 하다. 나는 팀장으로서 나의 경험과 관점을 이야기하지만, 실무자가 다른 결정을 내린다면 그 결정에 따를 것이고, 또한 책임을 회피하지 않겠다는 다짐이다.

호랑이는 죽어서 가죽을 남기고, 사람은 죽어서 이름을 남긴다고 했다. 그러나 역설적으로 호랑이는 가죽 때문에 죽고, 사람은 이름 때문에 죽을 수 있다. 행위가 아니라 위상 때문에 죽을 수도 있는 자리가 리더의 자리다. 내 눈에 비친 내 모습이 아니라 타인, 특히 후배들에게 비친 소위 리더라고 하는 나의 모습을 어렵고 무섭게 받아들여야 한다.

어느덧 사회적으로 중견 선배가 된 내 연차의 친구들을 만나면, 후배와의 관계를 어떻게 유지해야 하는가에 대한 이야기들을 많이 한다. 나는 그때마다 나의 첫 직장에서 만난 광고계의 거인 강정문(1945~1999, 전 대홍기획 대표) 대표의 이야기를 들려준다.

"우리는 아랫사람들에게 밟힐 운명을 짊어진 사람들이다. 그들이 우리를 밟고 올라서도록 도와주어야 한다. 그것이 우리의 일이다. 생면부지의 작자에게 밟히는 것보다는 내 손으로 키운 후배, 부하들에게 밟히는 것이 훨씬 덜 아프기 때문이다. 그것이 윗사람으로서의 기쁨이 아닌가? 그러나 우리는 당장 내일 아침에 밟혀서는 안 된다. 최후에 밟히기 위해 발악을 해야 한다."

흔히 우리가 헤게모니hegemony를 잡는다고 할 때, 헤게모니는 권력이 아니라 권위를 의미한다. 그리고 권위는 강요하고 강제하는 힘이 아니라 스스로 동의하게 하는 힘이다. 강정문 대표의 이야기는 후배들이 스스로 동의하게 만드는 힘을 가진 선배, 진정한 권위를 지닌 선배의 모습을 떠올리게 해 준다.

당연시되는 것에 대한 회의

독일의 사회학자 막스 베버는 『프로테스탄티즘의 윤리와 자본주의의 정신』에서 칼뱅주의 신앙의 특정 요소들과 근대 자본주의적 활동의 경제 윤리 사이에 일종의 선택적 친화력elective affinity이 있었음을 밝히고 있다. 전통 사회에서는 대부분의 이윤 추구 동기가 규범과 무관하거나 오히려 비도덕적이었던 반면, 칼뱅교에 이르러 윤리적 측면에서 영리 추구를 도덕적으로 뒷받침하는 개념이 생겨난 것이다. 프로테스탄티즘Protestantism은 금전 추구라는 인간의 욕망에 윤리적인 통제를 가함으로써 향락과 방탕, 재산을 낭비하는 일을 절제하고, 최선을 다해 일하고 금욕하는 것을 윤리적인 것으로 보았다. 청교도들은 열심히 세속적 활동을 통해 얻은 자산의 양이 신앙의 진실을 보여 준다고 믿었다. 베버는 신의 섭리를 따르는 청교도들의 이런 금욕주의가 초기 자본주의 정신의 탄생에 밑거름이 되었다고 보았다. 그런데 베버를 읽으면서 나를 자극한 것은 프로테스탄티즘의 윤리와 자본주의 정신이라는 메타이론이 아니라 '선택적 친화력'이라는 개념이었다.

선택적 친화력은 처음에 물리학 용어로 출발했다. 다른 물질보다 특별히 어느 하나의 물질과 결합하는 경향을 가진 물질의 특성을 언급하기 위해 사용되었다고 한다. 이를 막스 베버가 종교 사회학에 사용하면서 사회와 문화에 대한 관점으로 확장된 것이다. 베버보다 일찍 이 개념에 주목한 사람은 괴테였다. 1807년 쉰여덟의 괴테는 독일 튀링겐 분지 동쪽에 있는 예나Jena에서 열여덟 살의 소녀와 사랑에 빠진다. 2년 뒤, 괴테는 자신의 이 아찔한 연애 경험을 소설로 썼는데, 그 소설의 제목이 '친화력'이다. 소설은 남녀 사이에 생겨나는 밀고 당기는 사랑의 감정을 마치 자연계의 물질을 관찰하듯 묘사하고 있다. 여기서 괴테는 인간의 사회적 관계에서도 과학의 영역이었던 선택적 친화력이 온전히 발견된다는 데 주목했다. 어떤 남녀는 고난과 역경을 감수하면서도 서로를 끌어당기지만, 어떤 남녀는 젖과 꿀이 흐르는 미래를 보장받고도 서로를 배척한다. 괴테는 선택적 친화력이라는 법칙이야말로 밀착과 배척의 인간관계를 설명할 수 있는 딱 맞는 비유라고 여겼다.

괴테의 이런 문학적 상상력을 사회적 관계망을 설명하는 데 십분 활용한 것이 베버의 '선택적 친화력'이다. 베버는 인간의 밀착과 배척의 메커니즘이라는 괴테의 아이디어를 사회를 설명하는 밀착과 배척의 메커니즘으로 확장시켰다. 이런 프레임으로 사회를 바라본 베버의 눈에는 자본주의와 프로테스탄티즘의 윤리가 밀착의 메커니즘으로 보였던 것이다. 분업의 발전과 자본주의의 진전이 가속화하는 가운데 청교도들의 체제 순응적인 금욕주의가 자본주의에 대한 기계적인 복종처럼 보였던 것이다.

　하나의 사회적 사건은 그 자체의 동인만으로 분출되는 것이 아니라 사회적 사건에 조응하는 사회사상을 만나고 물적 토대와 결합되면서 변화하고 성장한다. 선택적 친화력은 결국 어떤 관계가 다른 관계보다, 그리고 어떤 것이 다른 것보다 선호되기 때문에 발생하는 일종의 화학적 결합이다.

　광고의 나라에 살고 싶다.
　사랑하는 여자와 더불어
　아름답고 좋은 것만 가득 찬
　저기, 자본의 에덴동산, 자본의 무릉도원
　자본의 서방 정토, 자본의 개벽 세상
　……
　아아 광고의 나라에 살고 싶다.
　사랑하는 여자와 더불어
　행복과 희망만 가득 찬

절망이 꽃피는, 광고의 나라.

함민복(1962~) 시인의 「광고의 나라」라는 시다. 사회학이 거리의 사회학을 자처하던 시절, 광고와 사회학의 첫 교차점은 이런 것이었다. 광고는 사회학의 입장에서 도저히 수용할 수 없는 세계였다. 거리의 사회학은 통제와 억압을 정당화하는 숱한 신화들의 정체를 폭로함으로써 인간의 얼굴을 가진 사회를 위해 헌신하는 사회학이었기 때문이다. 광고와 사회학은 선택적 친화력이라는 관점에서 배척의 메커니즘 때문에 결코 만날 수 없는 산업과 학문이었다. 거리의 사회학이 자본주의의 꽃에 비료와 거름을 줄 수는 없었던 것이다.

그러나 모든 것은 변하게 마련이다. 한국 사회가 변한 만큼 사회학도 변한다. 아이러니한 것은 사회를 연구하는 사회학이 사회의 변화 속도를 따라가지 못했다는 점이다. 오늘날 빈번히 회자되는 사회학의 위기는 거리의 사회학이라는 계몽주의적 관점에서 크게 벗어나지 못한 사회학의 현실을 냉소하는 말에 다름 아니다.

사회학의 위기를 극복하는 가장 좋은 방법은 사회학이 스스로 한국 사회와의 선택적 친화력을 높이는 것이다. 밀착과 배척의 메커니즘에서 살아남는 것이다. 내가 보기에 사회학의 가장 큰 무기는 '상상력'이다. 특히 '문학적 상상력'이다. 사회학은 방대한 인문학의 여러 분야와 걸쳐 있다. 역사와 가깝고, 철학과 가깝고, 심리학과 가깝다. 문학적 상상력은 통섭의 관점에서 이 모두를 꿰는 황금 실이다.

문학적 상상력의 직관적 통찰을 극대화하는 것이 사회학과 한국 사회의 선택적 친화력을 높이는 길이다. 생활 속으로, 대중 속으로 사회학이 들어가야 한다. 그것의 가장 유용한 문이 문학적 상상력이다.

사회학은 문학적 상상력이라는 DNA를 갖기에 매우 적합한 학문이다. 학부 시절, 나중에 나의 지도 교수가 되신 교수님과의 첫 술자리가 있었다. 나는 그 자리에서 내 인생의 지표가 된 날카로운 기억을 가지고 있다. 교수님은 술자리에 모인 신입생들에게 이런 질문을 던졌다.

"사회학이 뭐라고 생각하나?"

짧지 않은 침묵이 흘렀고, 교수님은 대수롭지 않다는 듯 한 말씀으로 마무리 지었다.

"당연시되는 것에 대한 회의懷疑."

누군가는 움찔했고, 누군가는 관심도 갖지 않았고, 누군가는 술만 마셨다. 나는 한동안 말을 잇지 못할 만큼 강렬한 자극을 경험했다. 당연시되는 것에 대한 회의, 모두가 당연시하는 것에 대해 회의를 갖는다는 것은 정말 대단한 능력이 아닌가? 당연시되는 것에 대한 회의, 내가 생각하는 문학적 상상력의 DNA다. 그리고 나는 이 DNA가 광고와 밀접한 선택적 친화력을 갖는다고 믿고 있다.

사회학은 한 사회에서 벌어지는 수많은 일들에 대해 무한한 호기심을 가진 사람들에게 매우 적절한 학문이다. 그리고 광고는 인간 세상의 거대한 파노라마에 대해 궁금해 미칠 것 같은 사람들에게 매우 유용한 직업이다. 발견은 모든 사람들이 보는 것을 보고, 아무도 생각하지 않는 것을 생각하는 데에서 시작된다. 사회학도 광고도 우리의 일상에 대해 아무도 생각하지 않는 것을 생각하게 만드는 새로운 발견, 새로운 시선이다. '당연시되는 것에 대한 회의', '지루한 일상에 대한 호기심'에서 사회학과 광고는 출발한다.

항상 취해 있어야 한다.
핵심은 바로 거기에 있다.
이것이야말로 그대의 어깨를 짓누르고
그대의 허리를 땅으로 굽히게 하는
무서운 시간의 중압을 느끼지 않게 하는
유일한 과제이다.

쉬지 않고 취해야 한다.
무엇으로냐고?
술, 시 혹은 도덕
당신의 취향에 따라.
하여간 취하라.

그리하여 당신이 때로 고궁의 계단이나
도랑의 푸른 잔디 위에서

또는 당신 방의 삭막한 고독 속에서

취기가 이미 줄었든가

아주 가 버린 상태에서 깨어난다면 물으시오.

바람에게

물결에게

별에게

새에게

벽시계에게

달아나는 모든 것

탄식하는 모든 것

구르는 모든 것

노래하는 모든 것

말하는 모든 것에 물으시오.

지금 몇 시냐고. 그러면

바람은

별은

새는

벽시계는 대답하리다.

"지금은 취할 시간이다!

당신이 시간의 학대받는 노예가 되지 않으려면 취하시오.

쉬지 않고 취하시오!

술로, 시로, 또는 도덕으로, 당신의 취향에 따라."

－샤를 보들레르, 「취하시오」

취하란 말은 깨어 있으라는 역설이다. 놀라운 것에 끌리는 마음, 미지에 대한 끝없는 탐구심, 안위를 뿌리치는 모험심이 시들지 않도록 우리는 취하고 깨어 있어야 한다.

행동주의 광고, 행동주의 광고인

발터 벤야민(Walter Benjamin, 1892~1940, 독일의 문예 평론가이자 사상가)은 예술 작품의 유일성은 그것과 연관되어 있는 '사회적 맥락'에서만 이해된다고 주장한다. 루브르 박물관에 있는 「밀로의 비너스」를 보면, 그리스인들에게 그것은 제의祭儀의 대상이었다. 하지만 중세 성직자들에게는 불길한 우상이었다. 그리고 오늘날에는 오직 미적 아름다움의 표상으로만 존재하고 있다. 비너스 상이 가지고 있던 고대의 아우라는 모두 해체되어 사라지고 없다. 이처럼 대부분의 창작물은 만드는 단계까지는 작가의 것이지만, 그다음부터는 대중의 것이고 시대의 것이 된다.

누구나 한번쯤 이 로고를 보거나 들어 본 적이 있을 것이다. 티셔츠, 컵, 필통, 우산 등 거의 모든 일용품에서 우리는 이 로고를 만난다. 뉴욕을 가 보지 않은 사람도 이 물건들을 소비하는 데는 조금의 거리낌도 없다. 1975년, 뉴욕 주의 관광 수입 극대화를 위한 광고 캠페인에서 시작된 이 로고는 뉴욕의 상징을 넘어 미국스러움을 대표하는 이미지가 되었다. 대중과 시대가 이 로고의 의미를 재생산하고 있는 것이다. 이런 맥락에서 보면, 어떤 것이 표상하고 있는 현재의 의미에만 머물러 그것을 보는 것은 그것의 일부밖에 보지 못하는 것이다. 그것의 원형과 유일성을 찾아가는 것이야말로 그것의 전부를 이해하는, 매우 의미 있는 작업이다. I♡NY의 작가 밀턴 글레이저를 알게 된 것은 그 과정에서 만난 뜻밖의 행운이었다. 'I♡NY MORE THAN EVER' 광고가 그랬던 것처럼, 그는 어느 날 갑자기 나에게 날아와 꽂혔다.

밀턴 글레이저를 알아 가는 과정은 신나고 재미난 일이었다. 그는 그래픽 디자인과 일러스트레이션으로 작품 활동을 시작했지만 인테리어, 건축, 회화 등 어느 한 장르로 규정할 수 없을 만큼 다방면에서 세계적 명성을 얻고 있는 천재적인 디자이너였다. I♡NY과 함께 컬럼비아 레코드사에서 제작한 밥 딜런(Bob Dylan, 1941~ , 미국의 대중음악 가수)의 포스트는 그래픽 디자인의 아이콘으로 남아 있다. 또 디자이너로는 드물게 파리 퐁피두 센터나 뉴욕 현대 미술관(MoMA) 등 세계적인 미술관에서 개인 전시회를 열었으며, 그의 작품 다수가 영구 소장되어 있는 디자이너였다.

그를 제대로 이해하기 위해서는 1954년에 그가 설립한 '푸시 핀 Push Pin 스튜디오'를 빼놓을 수 없다. 푸시 핀 스튜디오는 당시 범람하던 국제 타이포그래피 스타일에 정면으로 도전장을 던지면서, 대중과 즉각 소통할 수 있는 위트 넘치는 디자인이라는 새로운 대안을 제시했다. 밀턴 글레이저의 작품에는 제1차 세계 대전 이후 유럽의 다다이스트dadaist들이 집결했던 스위스의 그래픽 디자인파의 전통이 보여 주는 체계적인 그래픽 스타일도, 독일 바우하우스의 단일하고 획일적인 모던 디자인의 규범적인 문법도 존재하지 않는다. 그는 일상의 풍부한 삶에서 나오는 유머와 아이러니, 통속적 문화를 주요 재료로 삼고 있다. 오늘날 뉴욕 디자인의 강한 힘은 푸시 핀 스튜디오와 밀턴 글레이저로부터 시작되었다 해도 과언이 아니다. 서울대 김민수 교수는 『필로디자인』에서 푸시 핀 스튜디오는 단순한 디자인 전문 회사의 차원을 넘어 디자인 운동이라는 역사적인 차원에서 언급되어야 한다고 증언하고 있다.

밀턴 글레이저라는 한 인간을 알아 가는 과정에서 무엇보다 반가웠던 것은 사회 참여 활동가로서의 면모였다. 그는 1964년에 동료 디자이너 22인과 함께 'First Things First(중요한 것을 먼저 하라)' 선언에 참여한다. 자본주의 사회에서 상업주의에 매몰되어 가는 디자인과 디자이너의 역할을 생각하고 대안을 모색하자는 선언이었다. 2000년에도 'First Things First 2000' 선언이 발표되었는데, 그는 이

선언에도 동참했다. 2005년에는 세상의 모든 부조리에 반대한다는 목소리를 담은 전 세계 디자인 작품 400여 점을 모아 『불찬성의 디자인 *The Design of Dissent*』이라는 작품집을 공동으로 출판하기도 했다.

한 천재 디자이너의 삶을 알아 가는 시간은 사회적 맥락 속에서 직업의 의미를 다시 생각하는 기회를 내게 주었다. 밀턴 글레이저는 디자이너라는 자신의 직업과 시민이라는 사회 구성원으로서의 역할을 구별하지 않았다. 그는 디자이너로서 그리고 시민으로서 자신의 일상에 깊은 애정과 관심을 기울였다. 지극히 인간적인 삶의 태도를 견지하면서도 사회적 실천을 소홀히 하지 않았다. 그럼에도 그는 세계적으로 존경받는 디자이너가 되었다. 『불찬성의 디자인』에 실린 인터뷰는 디자이너와 시민, 직업과 사회에 대한 그의 생각을 잘 보여 주고 있다.

"디자이너의 역할은 어느 선량한 시민의 역할과 다를 바 없다. 좋은 시민이란 민주주의에 참여하고 견해를 피력하고, 한 시대에 자신의 역할을 인식하는 사람들을 뜻한다. 이는 디자이너이기 때문에 더 많은 책임감을 가져야 한다는 것을 의미하지 않는다. 우리 모두가 좋은 시민이 되기 위한 책임감을 가져야 한다."

좋은 사회학자를 꿈꾸던 내가 광고 회사 직원이 되면서 치른 작은 이데올로기 전쟁 속에서, 밀턴 글레이저의 이 문구는 큰 위로가 되었다. 디자이너와 시민, 직업과 사회에 대한 한 생활자의 고민이 진정성 있게 전달되었다. 그는 거대 담론이나 철학이 아니라 생활 속 실천과 삶으로 모든 것을 증명하고 있었다. 마치 나에게 "광고인이 투사가 될 필요는 없다네. 좋은 시민으로서 인간적인 삶의 태도를 유지하는 것만으로도 충분하다네!"라고 말하며 토닥여 주는 것 같았다.

　나의 작은 이데올로기 전쟁은 '광고란 무엇인가?'라는 물음에 답을 구하고 싶은 욕망에서 시작되었다. 하지만 밀턴 글레이저는 그 물음 자체가 심각한 오류임을 나에게 일깨워 주었다. 사실 무엇을 규정한다는 것은 애초부터 무모한 일이다. 예컨대 '입'이란 '입술에서 후두까지의 부분'이라는 사전적 정의는 별 의미가 없다. '입'이 무엇을 만나느냐에 따라 그 성격이 결정되기 때문이다. 사랑하는 사람의 입술을 만나면 '키스'가 되고, 허기를 만나면 '밥'이 되고, 증오의 대상을 만나면 '욕'이 되는 것이 '입'이다. 그래서 루이 알튀세르(Louis Althusser, 1918~1990, 프랑스의 사회학자)는 주체를 버리는 것, 그것이 현대 철학의 핵심이라고 말한다. 주체란 호명呼名하는 것이다. 주체, 아이덴티티identity란 결국 소셜리티sociality인 것이다. 광고 그 자체가 아니라 광고와 무엇을 만나게 하느냐가 중요한 것이었다.

　들뢰즈(Gilles Deleuze, 1925~1995, 프랑스의 철학자)와 가타리(Félix Guattari, 1930~1992, 프랑스의 정신 분석학자)는 만족을 모르는 자본과 자본의 욕망에 호락호락 호명당하는 인간의 욕망을 많은 저서들을 통해 다루고 있다. 그들은 인간이 만든 모든 것을 '욕망하는 기계'라고 비판한다. 그리고 진정한 욕망을 억압하고 헛된 욕망만 부추기는 자본의 생리와 욕망에 포획된 현대의 암울한 시대 상황을 파시스트적 억압이라며 개탄한다. 그러나 그들은 이런 통제와 억압의 질곡에서 벗어나기 위한 가능성의 탐색을 멈추지 않았다.

들뢰즈와 가타리의 관점에서 밀턴 글레이저를 보면, 그는 자본의 통제와 억압에서 벗어날 가능성을 시민으로서의 역할과 책임에서 찾고 있다. 이런 사고는 미국 지성사에 '시민 불복종Civil Disobedience'이라는 위대한 유산을 남긴 소로(Henry David Thoreau, 1817~1862, 미국의 수필가, 시인, 철학자)에서 시작되었다. 소로는 각 개인이 다수의 견해에 대해 자신의 양심에 따라 내리는 도덕적 판단을 중시했다. 그는 누구든 자기 이웃보다 더 정의로운 사람이라면 이미 "하나로서 다수를 이루고 있는 것"이라고 생각했다. 생각 없는 다수의 힘에 맞서는 올바른 개인의 힘이 얼마나 중요한지를 역설하고 있다. 밀턴 글레이저처럼 시민으로서의 역할과 책임에 충실한 개인은 이미 다수인 것이다.

나는 하나로서 다수를 이루는 삶을 살아가는 광고인을 목표로 삼았다. 이 목표는 광고인이 된 어설픈 사회학자가 광고와 삶을 대하는 태도를 어떻게 가져야 하는지를 제시해 주었다. 나는 "존재가 의식을 규정한다"는 마르크스(Karl Marx, 1818~1883, 독일의 철학자)의 명제를 수정해야 했다. 자본의 이익에 부합하는 광고를 만드는 존재가 자본의 이익에 복무하는 의식을 결정한다는 주장은 시민으로서의 역할과 책임에 무관한 사람들에게 적용되는 명제일 뿐이기 때문이다. 마르크스의 지적은 구체적인 삶과 소통하는 것이 그만큼 어렵고, 시민으로서의 역할과 책임에 충실한 삶이 쉽지 않음을 역설적으로 표현한 것이다. 하나로서 다수를 이루는 삶은 이기심으로 자신에게만 집중하는 삶이 아니라 공공성의 눈으로 사회를 바라보려는 의식적 노력에 의해 가능하다.

광고인들은 하나로서 다수를 이루는 삶에 더 많은 책임감을 가져야 한다. 왜냐하면 마셜 매클루언(Marshall Mcluhan, 1911~1980, 캐나다의 커뮤니케이션 학자)이 지적했듯이, 미디어는 곧 메시지The medium is the message이기 때문이다. 광고는 디자인과 마찬가지로 미디어이며 인간을 둘러싼 구조와 환경에 메시지를 던지는 직업이다. 직업은 누군가에게는 밥벌이고, 누군가에게는 자아 성취이며, 누군가에게는 권력이고, 누군가에게는 취미다. 정해진 답은 없다. 다만, 광고는 세상에 메시지를 던져 불특정 다수에게 영향력을 행사하는 직업이라는 사실을 잊지 말아야 한다. 광고인이 광고라는 자신의 일에 대한 성찰과 공공성을 향한 의식적 노력을 소홀히 할 수 없는 이유다.

광고인에게 하나로서 다수를 이루는 삶에 대한 노력은 누군가를 위한 배려가 아니다.

그것은 시민으로서 마땅히 지켜야 할 의무다.

무엇을? 어떻게?

　직업으로서 광고를 하는 사람들은 '무엇을?What to say?'과 '어떻게?How to say?'라는 논쟁을 피해 갈 수 없다. 광고는 브랜드가 처한 상황과 조건을 어떻게 보느냐에 따라 문제problem의 규정과 해결책 solution이 달라지는, 상당히 예민한 작업이기 때문이다. 변수들을 어떻게 조합하느냐에 따라, 인사이트insight를 어떻게 적용하느냐에 따라 하나의 브랜드에 대한 전혀 다른 관점들이 생겨난다. 만인만색萬人萬色이란 말처럼 세상의 브랜드들은 그 수만큼 다양한 색깔과 목소리를 가지고 있다. 그럼에도 광고는 '무엇을'과 '어떻게'라는 두 어휘로 집약된다.

　광고계의 이 오래된 논쟁은 미국 광고사에 크리에이티브 혁명을 불러일으킨 두 거장 데이비드 오길비(David Ogilvy, 1911~1999, 영국의 광고인)와 윌리엄 번벅(William Bernbach, 1911~1982, 미국의 광고인)으로 거슬러 올라간다. 오길비는 조사를 기반으로 한 철저한 사실fact 추구와 명료한 이미지의 광고를 중시한 반면, 번벅은 광고의 독창성을 강조했다. 현대 광고에 새로운 혁명을 불러일으킨 두 거인의 이런 상반된 성향이 '무엇을'과 '어떻게'라는 논쟁의 출발점으로 인식되고 있다.

그런데 이러한 인식은 두 거인이 여기저기서 던진 말들을 후세의 광고인들이 금과옥조金科玉條로 여기면서 만들어 낸 편견에 불과하다. 말하는 사람의 의도와 무관하게 듣는 사람의 의도에 따라 말의 의미가 결정되는 경우가 종종 있다. 2000년 전 사랑의 예수님이 지금의 한국 교회를 본다면, 당신의 말씀대로 잘 실천하고 있다고 칭찬해 주실까? 마르크스는 살아생전 자신의 이론이 스탈린주의를 옹호하는 이론으로 왜곡되는 현실에 분노하며 자신은 마르크스주의자가 아니라고 항변했다. 성인이 나기 전에는 진리가 하늘에 있고, 성인이 나면 성인에게 있고, 성인이 돌아가시면 성전聖典에 남는다는 말이 있다. 우리가 원전이나 고전의 힘을 믿어야 하는 이유다. '무엇을'과 '어떻게'라는 논쟁의 진실이 궁금하다면, 오길비와 번벅의 생각이 담긴 서적들을 주의 깊게 읽어 보길 권한다.

여기서는 두 거인을 이해하는 단초가 되는 글을 소개하는 것으로 광고계의 오래된 논쟁에 대한 이야기를 이어 가고자 한다. 어느 추운 겨울, 뉴욕 매디슨 가街의 한 레스토랑을 상상해 보자. 이제 막

점심을 끝낸 오길비와 번벅이 식탁을 마주하고 뭔가 열띤 논쟁을 벌이고 있다.*

번벅 : 오길비, 당신이 광고에 대해 쓴 그 유명한 책이 요즘 아이들에게 잘못된 영향을 주는 건 아는지 모르겠소. 마치 원칙에만 충실하면 된다는 사고방식과, 리서치가 광고의 해답인 양 생각하는 착각들을 하고 있거든요. 물론 당신 말대로 '무엇을 말할 것인가'를 찾아내는 일도 중요하지만 그게 광고의 본질은 아니라고 생각해요. 광고 커뮤니케이션의 핵심은 어디까지나 '어떻게 말할 것인가'에 있으니까.

오길비 : 당신 말에도 일리는 있소. 문제는 어느 쪽이 더 강조되어야 하느냐 하는 인식의 차이일 뿐이지, '어떻게'에 앞서 먼저 '무엇을 할 것인가', 다시 말하면 소비자에게 '무엇을 약속할 것인가'를 찾아야 할 중요성은 광고 과정에서 아무리 강조해도 지나침이 없는 핵심이라고 생각해요. 오히려 당신이 '어떻게' 쪽으로만 지나치게 강조해 왔기 때문에 상당수 광고인들이 무無에서 빅 아이디어big idea를 창조해 낼 수 있다는 미망에 사로잡혀 있

---

* 이 글은 1991년 9월 「광고정보」에 실린 고 강정문 대표의 글을 조금 각색한 것이다. 따옴표 안의 말들은 두 사람이 각종 인터뷰나 저술에 남긴 말들을 인용한 것이고, 나머지는 두 거인의 광고 철학을 감안하여 강정문 대표가 엮어 낸 글이다. 일단 오길비와 번벅이라는 두 거인을 지면으로 불러들여 그들의 생각을 쥐락펴락하는 그의 글솜씨가 놀랍다. 그리고 그 안에 번뜩이는 강정문 대표의 광고 철학과 깊이가 놀랍다. 지금부터 20년도 훨씬 전에 쓴 글이라 더 그렇다.

는 게 아닌지 모르겠소. "광고에 착수하기 전에 제품의 안팎을 까뒤집어 보라. 그리고 그 제품에 대한 지식을 소비자 니즈와 결합시켜라"라고 한 당신의 말은 무엇을 뜻하는 것이오? 바로 '무엇을' 약속해야 할지, 소비자 니즈가 무엇인지 철저히 알아보란 뜻이지요? "매직은 바로 제품에 있다"라고 한 말도 그런 의미일 테고. 또 "양복을 입고 물구나무서기하고 있는 사람을 보여 줘라. 그러면 모두의 눈길을 끌 수 있다". 그러나 그 광고가 "물구나무를 서도 호주머니의 물건이 쏟아지지 않는다는 편익을 약속하는 광고가 아니라면 그 아이디어는 광고비만 낭비하는 빅 아이디어"라고 한 당신의 말도 '무엇을'을 강조한 내 생각과 크게 다를 바 없다고 봅니다.

번벅: 내가 비판하고 싶은 것은 "매사를 단정적으로 계량화하려는 태도야말로 오늘날 우리 광고계의 문제 중 하나"라는 점입니다. 이런 태도가 결과적으로 조사에 대한 맹신으로 이어지고 있어요. 우리는 사실들facts을 끌어모으는 일에만 골몰한 나머지 정작 어떻게 하면 사실들을 소비자 촉발제로 만들 수 있을까에는 관심들이 없어지고 있어요. 또 대중의 의견을 측정하는 데에만 몰두한 나머지 우리가 바로 그 의견을 형성해 낼 수도 있다는 사실을 망각하고 있으며, 통계 숫자에만 귀 기울이다 보니 우리가 그 숫자를 창조해 낼 수도 있다는 점을 망각하게 된다는 거예요. 아무리 강조해도 '무엇을 말할 것인가'를 찾아내는 일은

커뮤니케이션 과정의 출발점일 뿐입니다. 사람의 눈길을 끌고 그 사람이 경청하게 만들고 또 사람들로 하여금 그것을 믿게 만드는 것은 무엇을 '어떻게 말하느냐'에 달려 있으니까요. 바로 이 부분에서 성공하지 못하면 당신이 '무엇을 말할 것인가'를 찾아내기 위해 바쳤던 모든 노력과 지식과 기법은 물거품이 되고 맙니다.

오길비: 하지만 당신이 말한 대로 "방향을 잘못 잡고 항해할 경우 숙련된 항해사일수록 잘못된 목적지에 더 빨리 도착하게 되는 법입니다". 내 책에서 인용한 말입니다만, 지난 수년간 클리오상賞에 뽑힌 81개의 TV 커머셜을 만든 광고 회사 중에서 36개가 바로 그 광고를 잃거나 망해버렸습니다. '어떻게'에만 몰두하다 보니 정작 물건을 팔아 주는 핵심인 '무엇을'이라는, 적절한 소비자 약속을 찾아내는 일을 등한시했기 때문이 아닐까요? 오히려 우리가 걱정해야 할 점은 바로 '어떻게'에 몰두한 나머지 출발점인 '무엇을'을 놓치는 일이 비일비재하다는 사실일 것입니다.

번벅: 내 이름을 유명하게 만든 Avis의 'Were only #2(우리는 2등이므로 더욱 열심히 한다)' 캠페인의 경우를 예로 들어 봅시다. 이 광고 시안을 처음 만들어 냈을 때 이 광고안에 대해 사람들의 선호도 조사를 한 적이 있어요. 절반가량이 싫다고 응답했기 때문에 그 결과를 놓고 광고주에게 제시하느냐 마느냐 하는 문제로 회사 내에서 설왕설래가 많았지요. 나는 이렇게 말했습니다. "하지

만 나머지 절반이 있지 않나. 그들이 우리가 원하는 대상이야! 그냥 가자." 하마터면 이 캠페인은 조사의 그늘에 가려 햇빛을 못 볼 뻔했습니다. 모든 이들이 조사하고 똑같은 사실을 발견한 것으로 광고인의 임무가 끝났다고 생각하면 모든 광고는 비슷해지기 마련입니다. "누구나 사실에 관한 지식을 얻어 낼 수 있습니다. 그러나 그 사실에 관한 지식을 도약대 삼아 아이디어로 점프시키는 것은 올바른 직관이며, 바로 이 직관이야말로 나만의 것이 될 수 있습니다." 그래서 나는 이렇게 말합니다.

"경고하건대 광고를 과학이라고 믿어서는 안 된다. 우리가 할 일은 생명 없는 사실들에 생명을 불어넣는 일이다……."

오길비: 당신이 우려하는 문제와 강조한 바는 충분히 이해하겠지만, 과학적 방법 다시 말해서 조사에 대한 지나친 비판은 젊은 광고인들을 또 다른 오류의 길로 유도할 수 있다는 점을 유의해야 합니다. "우리가 광고할 상품에 대해 소비자가 어떻게 생각하고 있으며, 그 상품을 거론할 때 어떤 말을 쓰고, 상품의 속성이 그들에게 중요한 것인지, 그리고 무엇보다 어떤 약속을 해야 그들이 살 것인지를 알아내야 한다"라는 점에 당신이 동의한다면 다시 말해 이 출발점에서 "방향을 잘못 잡으면 숙련된 항해사일수록 잘못된 목적지에 더 빨리 도착한다"라고 생각한다면 광고에서 과학적 접근법을 무조건 배척할 수는 없을 것입니다. 나도 "광고에 빅 아이디어가 없으면, 그 광고는 한밤중에 비단

옷을 입고 가는 것이나 마찬가지"란 점을 수차 강조한 바 있습니다. 하지만 그 빅 아이디어란 '어떻게'라는 직관적인 문제가 아니고 정확한 조사 분석을 통한 '무엇을'이라는 선택 그 자체가 빅 아이디어일 수도 있으니까요. 조사는 또한 '무엇을' 찾아내는 데에만 유용한 것이 아니라 '어떻게 말하느냐'를 발상하는 데에도 유용한 도구란 점을 지적하고 싶습니다. 예를 들어 "헤드라인에 인용 부호를 붙이면 상기율이 평균 28퍼센트 높아진다"라는 조사 결과나 "뉴스성을 가진 광고는 22퍼센트나 더 많은 사람에게 읽힌다"라는 점 등을 알게 되면 '어떻게 말하느냐'를 찾는 데 큰 도움이 됩니다. 적어도 내 경험으로는 그렇습니다.

번벅 : 하하…… 알았어요, 알았어. 훌륭한 광고를 만드는 원칙들에 대해 또 강의를 시작하실 모양인데……. 나는 당신이 그 원칙을 바탕으로 만들어 낸 당신의 훌륭한 광고에 대해서는 찬탄과 경의를 아끼지 않지만, 당신이 설파한 그 원칙들 때문에 문제가 따른다는 점을 지적하고 싶어요. 많은 광고인들이 당신의 그 원칙만 충실히 따라가면 당신이 만든 것과 같은 좋은 광고가 술술 풀려 나올 것으로 맹신할까 두렵습니다. 창조하는 사람들에게 원칙은 깨기 위해 존재하는 것일 뿐이며, 기억에 남을 만한 광고는 공식에서 탄생하는 것이 아닙니다. 오늘의 가장 스마트한 광고 스타일도 내일은 케케묵은 것이 되어 버리기 마련이지요. 당신은 헤드라인과 카피에 관한 좋은 원칙들을 많이 제시했지

만, 그런 원칙들을 만들어 내는 일이 자칫하면 젊은 광고인들을 오도할 수도 있습니다. 사실 "헤드라인은 없애는 것이 적절한 경우가 있는가 하면, 헤드라인을 넣는 것이 적절한 경우도 있습니다. 그리고 로고를 넣는 것이 좋을 때도 있고 절대로 넣지 말아야 할 때도 있는 법입니다". 이런 점을 깨우쳐 주는 것이 당신의 그 '좋은 광고를 만드는 96가지 원칙'을 가르치는 것보다 더 큰 도움이 되리라는 생각입니다.

오길비: 그 말에는 동감합니다. 언젠가 「애드에이지Ad Age」와의 인터뷰에서도 밝혔다시피, 나의 광고 철학은 주로 조사에 기초를 둔 것입니다. 하지만 그것은 너무 한정적이고 또 한계가 있는 것임을 인정해요. 나는 어느 날 젊은 광고인이 나를 찾아와 이렇게 말해 주기를 기다리고 있습니다. "당신의 지적인 훌륭한 광고를 위한 96가지 원칙은 이제 쓸모가 없습니다. 그건 시대에 뒤지고 부적합한 낡은 조사를 바탕으로 한 것입니다. 새로운 조사에 입각한 새로운 96가지 원칙이 여기 있습니다"라고 말입니다.

번벅: 하하……. 그 새 원칙도 조사에 바탕을 둔 것이어야 한다는 말씀이군요. 내가 광고를 만드는 원칙 같은 것들을 전파하는 데 반대하는 또 다른 이유는 그것이 결국 모방을 만들어 낸다는 점입니다. 나는 "모방은 광고의 자살행위"라고 말합니다. 나는 우리 회사 사람들에게 이렇게 가르쳐 왔습니다.

"속물적인 광고는 만들지 마라. 카피는 짧아야 한다, 혹은 길어야 한다고 말하지 마라. DDB 광고의 원칙이 있다면 제품의 이점을 '기억에 남을 정도로 전달할 수 있는 생생하고 독창적인 아이디어' 그것뿐이다."

오길비: 광고가 독창적이고 생생해야 한다는 점은 나도 강조하는 원칙입니다. 하지만 그런 좋은 광고를 만들어 내는 원칙들이 있다는 것이 내 생각이며, 또 그런 광고를 만들 수 있는 경지에 이르기까지는 모방을 통한 수련이 필요하다고 봅니다. 어느 인터뷰에서 "나는 기본 원칙들 없이는 아무것도 쓸 수가 없다. 그러나 그 원칙들은 나 스스로가 만든 것들이다. 지식들이 확대됨에 따라 광고 카피를 쓰는 기본 원칙들도 점점 더 많이 축적되고 있다. 나는 지금 25년 전에 비하면 좋은 광고를 쓰는 방법에 대해 더 많은 것을 알게 되었다. 그 이유는 내가 계속 연구를 해 온 덕분이기도 하지만, 효과적인 광고의 요인이 무엇인가에 대한 많은 조사들이 이루어져 왔기 때문이다"라고 지적한 적이 있습니다. 그리고 모방에 관해서도 "선배나 뛰어난 사람을 모방하면서 광고 기법을 배우려는 자세는 결코 나쁜 것이 아니다. 더 좋은 아이디어가 떠오를 때까지는 모방하라. 나 역시 모방에서 출발했다. 런던의 광고 회사에서 일할 때 나는 미국 광고 중에서 좋은 것들을 모방했다. 내 나름대로의 세계를 구축하게 된 것은 한참 뒤의 일이었다"라고 썼습니다.

두 거인의 대화는 광고에 관한 많은 담론들을 집약하고 있다. 그리고 '무엇을'과 '어떻게'의 문제는 서로의 강조점이 다를 뿐, 그것을 구분하는 것 자체가 얼마나 무의미한 일인지를 확인시켜 주고 있다. '무엇을'과 '어떻게'는 광고를 만드는 전체 과정에서 하나로 통합해야 할 단계일 뿐이다. 거기엔 경중이 있을 수 없다. 광고에는 물리학의 법칙이나 수학의 공식 같은 것은 없다. 그런 것이 있었다면, 카페인으로 긴 밤을 견디고, 컴퓨터 앞에서 새우잠을 자는 광고인의 모습은 없었을 것이다. 광고를 사랑하고, 광고가 아니면 할 일이 없는, 광고가 전부인 광고인들은 애당초 존재하지 않았을 것이다

오히려 광고의 기회는 널리 신봉되는 원칙이나 공식들을 깨부수는 데 있다. 어쩌면 '무엇을'과 '어떻게'에 관한 그릇된 신념들도 깨부수어야 할 낡은 목록들이다. 광고는 경쟁 상대와의 '차별화'를 통해 브랜드를 돋보이게 만드는 일이다. 경쟁 상대와의 '차이화'를 극대화함으로써 브랜드를 비교 불가능한 상태로 만드는 일이다. 차별화와 차이화는 오래된 것을 답습하는 것으로 채울 수 있는 가치가 아니다. 새로운 것을 먼저 취할 때에만 획득할 수 있는 가치다.

2장

광고를 생각한다

광고의 지식 사회학적 이해

　영화 〈부시맨〉은 원시생활을 하던 부시맨 마을에 빈 콜라병 하나가 떨어지면서 시작된다. 빈 콜라병을 신의 물건이라 여긴 추장 카이가 신성한 물건을 신에게 돌려주기 위해 세상 끝으로 길을 떠나면서 벌어지는 에피소드가 영화의 내용이다. 영화에서 빈 콜라병은 문명과 야만을 가르는 중요한 기준이 된다. 빈 콜라병이 신의 물건이라고 믿는 야만인의 인식과, 세상 끝으로 향하는 무지몽매한 야만인의 행동에 배꼽을 잡고 한바탕 유쾌함을 즐기게 하는 것이 이 영화의 미덕이다.

　영화는 인식의 차이가 행위의 차이로 나타난다는 인간 행위의 원형을 잘 보여 준다. 인간의 행위는 대상에 대해 그 의미를 먼저 규정하고, 그것을 통해 다시 현실을 구성한 다음 이루어진다. 추장 카이가 살아왔던 삶의 방식대로 빈 콜라병을 신에게 돌려줘야 할 물건으로 해석하는 것은 당연하다. 그리고 다시 신에게 돌려주기 위해 여행을 떠나는 것도 충분히 이해가 된다. 콜라병이라는 당연한 인식은 소위 문명인들의 경험에서 구성된 현실일 뿐이다. 콜라병은 마약 성분을 담은 느끼함을 제거하는 데 특효인 음료를 담는 병이라는 사실을 추장 카이가 반드시 알아야 하는 것은 아니기 때문이다.

인간의 행위는 '인식→현실(대상)의 규정→행위'라는 과정을 거친다. 따라서 인식에 의해 현실이 어떻게 규정되느냐에 따라 그 행위는 전혀 다른 양상으로 전개된다. 인간은 인식에 의한 현실의 규정으로 행위의 정당성을 제공받기 때문이다. 집에 대한 사람들의 행위를 보면, 몇 년 전만 해도 집은 자산을 키우는 주요 수단으로 인식되었다. 그때는 빚을 내서라도 집을 사는 것이 정당하고 당연한 일이었다. 그러나 지금은 어떤가? 집에 대한 인식이 달라지면서 집에 대한 행위가 달라지고 있다. 만약 추장 카이가 빈 콜라병을 다시 돌려줘야 할 '신의 물건'이 아니라 자신들에게 보낸 '신의 선물'로 인식했다면 어땠을까? 아마 영화는 전혀 다른 방향으로 전개되었을 것이다.

사람들의 행위에 영향을 미치는 인식을 우리는 지식(앎)이라고 부른다. 지식은 잠자고 밥 먹는 사소한 것에서 삶과 죽음, 우주와 같은 거대한 것까지 영향을 미친다. 그런데 지식은 영속적이고 결정된 어떤 것이 아니라 계속 변한다. 다친 부위에 된장을 바르면 낫는다는 지식은 더 이상 지식이 아니다. 아인슈타인(Albert Einstein, 1879~1955,

독일 출신의 미국 물리학자)의 상대성 이론은 시간과 공간에 대한 인식의 지평을 넓혀 주었지만, 이론의 완결성에 대해서는 여전히 논란이 되고 있다. 이처럼 지식은 일정 기간 동안 인식에 의한 현실(대상)의 규정이 사회적으로 유지, 계승되어 집합적으로 나타나는 것이다. 지식은 곧 인식의 총체이고, 그 인식의 총체는 변한다. 지식의 이데올로기성은 바로 여기에 있다.

"아는 것이 힘"이라는 베이컨(Francis Bacon, 1561~1626, 근대 경험론의 선구자)의 말은 지식이 행위의 정당성을 제공하는 힘으로 작동한다는 명백한 사실을 함축하고 있는 말이다. 반대로 "모르는 게 약"이라는 속담은 행위로 나타나기 어려운 상황의 문제는 차라리 인식하지 않는 것이 속 편하다는 뜻일 것이다. 이처럼 지식은 일상의 구석구석에서 구체적인 영향을 미친다. 그것이 오래된 것이건 새로운 것이건 그 자체로 권력의 이미지를 가지고 있다는 의미에서 지식은 중요한 사회학적 탐구 대상이다.

지식이 인간 행위에 정당성을 부여하는 권력으로 작동한다면, 광고는 인간 행위 가운데 '사고파는' 행위와 관련된 지식을 생성하고 소멸시키는 권력이다. 왜냐하면 광고는 사고파는 행위에 인식의 정당성을 부여하는 작업이기 때문이다. 가장 성공한 광고인으로 평가받는 데이비드 오길비는 자기 광고에 대해 다음과 같이 짧게 답한다.

"We sell, or else."

오길비는 'to sell(파는 짓)'만이 광고의 유일한 정당성이라고 말한다. 그는 자신의 광고가 사람들에 의해 창의적이라고 회자되는 것을 바라지 않았다. 오로지 자신의 광고가 너무 설득적이어서 사람들이 그 상품을 사는 데 기여하기만을 바랐다. 광고가 왜 '자본주의의 꽃'인지에 대한 이유가 오길비의 이 같은 광고 철학에 담겨 있다.

광고는 오직 to sell!(사라!)이라는 하나의 명령어로 작동하는 자본주의 시스템이다. 자본주의는 더 많은 물건을 생산하고, 더 많은 소비를 가능하게 함으로써 작동된다. 대량 생산에 참여했던 산업 혁명 초기의 노동자들을 대량 소비에 참여하는 소비자로 자연스럽게 변모시킨 것은 자본의 행동대장인 광고의 힘이었다. 광고는 브랜드(제품)에 대한 소비자의 인식을 새롭게 구성하는 데 끊임없이 영향력을 행사함으로써 소비자의 구매 행위에 정당성을 제공해 왔다. 광고는 불특정 다수에게 더 많은 소비가 필요하다고 가르친다.

사람들은 자신이 인식하는 만큼의 세계에 살고 있다. 사람들의 인식에 영향을 미친다는 점에서 광고는 그들의 세계에 관여하는 작업이다. 그리고 광고는 그들의 세계를 단순히 설명하는 것이 아니라 변화시키려고 노력한다. 따라서 광고는 세계를 변화시키는 일이다. 광고의 지식 사회학적 논의는 광고가 가진 이런 사회 문화적 힘에 관한 이야기다. 광고를 창의성이라는 틀에 가두고 작품 해석에 머무르는 광고 표현주의나, 커뮤니케이션 설득 효과에 대해 계량적으로 측정하려는 광고 효과주의는 이런 광고의 힘을 지금까지 외면해 왔다.

강준만(1956~ , 신문방송학 교수)은『대중 매체 이론과 사상』에서 미국과 같은 다인종·다민족 국가가 세계에서 통합력이 가장 뛰어난 국가가 된 배경을 설명하면서 광고의 사회적 영향력을 다음과 같이 설명하고 있다.

"미국에 이민 물결이 들이닥치던 시절 사회적 갈등은 매우 심각했다. 다른 인종과 민족에 속하는 사람들이 독특한 의상과 라이프스타일에 대한 상호 간의 거부감은 정치·경제적인 문제로까지 비화되었다. 그런 문화적 격차를 해소시켜 준 것이 바로 광고였다. 심지어 정치적 이념의 스펙트럼에서 양극단에 속한 사람들도 광고의 영향을 받아 똑같은 상품을 소비하게 될 때에 뭐라 설명하기 어려운 공감대를 갖게 되었다."

광고가 제시한 것은 새로운 지식이었다. 새로운 지식은 새로운 삶의 방식을 제시했고, 새로운 삶의 방식은 다인종·다문화의 문화적 격차를 좁혀 주었다. 뒤르켐은 고정된 것이든 그렇지 않든 개인에 대해 외적 구속력을 행사할 수 있는 모든 행태의 행위 양식을 '사회적 사실social fact'이라고 불렀다. 사회적 사실은 사회나 집단의 구성원들이 각자의 개인의식을 가지고 있으면서도 외부로부터 요구되는 구속이나 위압을 의미한다. 일정한 행위 양식, 사고 양식, 감정 양식에 의해 구속받는 사회적, 집합적 성격을 지닌 독자적인 종합물이다.

사회학은 이러한 사회적 사실을 주요 연구 대상으로 삼아 왔다. 광고는 인식의 측면뿐 아니라 새로운 행동 방식을 제시하고 강요한다는 점에서 엄연한 사회적 사실이다. 쉬츠(Alfred Schutz, 1899~1959,

미국의 사회 철학자)의 지적처럼 지식 사회학은 일상생활에서 지식으로 통하는 모든 것을 의미한다. 광고는 그 자체로 지식 사회학적 탐구 대상인 것이다.

지식은 실재와 허구를 구분하는 중요한 기준이다. 왜냐하면 현실은 지식에 의해 규명되기 때문이다. 영화 〈부러진 화살〉이나 〈7번방의 기적〉에서도 알 수 있듯이 지식에 의해 규명된 현실은 종종 진실의 반대편에 서기도 한다. 이것이 지식의 한계이자 이데올로기성이다. 만하임(Karl Mannheim, 1893~1947, 독일의 사회학자)이 지적했듯이, 존재적으로 결정된 지식은 절대적이지 못하고 오직 부분적일 수밖에 없다. 그럼에도 불구하고, 지식을 인식하는 주체는 인식의 경제성 때문에 결정된 지식을 절대적 지식으로 받아들이게 되는 것이다.

다시 말하면, 광고는 자본의 편에서 결정된 지식이다. 이처럼 일정한 방향성을 지닌 지식을 우리는 이데올로기라고 부른다. 광고는 자본의 이익에 복무하는 지식이므로 당연히 이데올로기다. 때문에 광고에 대한 대중의 소비는 미학적 이해를 넘어 인문학적 해석을 필요로 한다. 광고의 창의성에만 주목하는 수준에서 광고의 이데올로기성을 간파해 내는 것은 여간해선 쉽지 않기 때문이다. 사회의 공공성이라는 잣대로 광고를 짚어 볼 때 비로소 광고의 민낯을 볼 수 있다. 그리고 우리가 광고의 민낯을 자세히 들여다봐야 하는 이유는 광고에 의해 규명된 현실은 자본의 이해관계와 욕구에 의해 재구성된 현실일 가능성이 높기 때문이다. 이런 의미에서 광고인의 역할이 중요한 것이다.

프랑스 출신의 세계적인 디자이너 필립 스탁(Philippe Starck, 1949~)은 2007년 한 연설에서, 디자이너는 전적으로 쓸모없는 존재라는 취지의 발언을 한 적이 있다.

"문명 상태에선 나 같은 사람(디자이너)이 수용될 수 있다. 그러나 우리는 때로 야만으로 떨어질 수 있다. 야만 상태가 되면 아름다운 의자나 아름다운 호텔 디자인은 잊어야 한다. 심지어 예술도 잊어버려야 한다. 일에는 우선순위와 긴급성의 차이가 있기 때문이다."

필립 스탁의 발언은 디자인이 중요하지 않다는 말이 아니다. 불안정한 세계에서는 디자인보다 더 긴급한 일이 있음을 잊어선 안 된다는 경고다. 나는 광고인들에게 그의 발언을 그대로 돌려주고 싶다.

자본주의 사회에서 광고하는 사람은 자본주의에 복무하는 사람이다. 그러나 자본주의 사회라는 이유로 반인간적이고 야만적인, 인간의 모습을 거부하는 자본주의의 모습까지 용인해서는 안 된다. 인간은 인간다워지기 위해 자본주의를 선택한 것일 뿐, 자본주의가 인간의 목표는 아니기 때문이다. 인간의 얼굴을 거부하는 자본주의에 맞서는 것은 좋은 광고를 만드는 것보다도 더 긴급한 일임을 잊어서는 안 된다. 사회 공공성이라는 절대 선을 지키는 것은 인간으로서의 배려가 아니라, 시민으로서의 의무이기 때문이다.

광고인들은 자신이 만드는 광고만큼은 진실을 담았다고 자부한다. 진실이 아니라고 믿으면서 광고를 만드는 광고인은 없다. 다만 광고인은 사회적 존재로서 자신을 돌아보는 성찰의 빈도가 일반인 들보다는 많아야 한다는 말을 광고인들에게 전하고 싶다.

　광고는 기업, 상품, 브랜드에 관한 현실을 규명하는 지식이고, 광 고인은 그 지식을 생산해 내는 사회적 힘power을 가진 존재이기 때 문이다.

이데올로기 프리 같은 이데올로기

서로를 잘 아는 두 사람이 10분간 대화할 때, 보통 서너 번 거짓말을 한다고 한다. 자료에 의하면, 사람들은 하루에 200번 정도의 거짓말을 한다. 평균 7분 20초에 한 번 거짓말을 하는 꼴이다. 자는 시간과 침묵하는 시간을 제외하면 거짓말을 하는 횟수는 훨씬 잦은 셈이다. 속상한 일이 있어도 기분 좋은 아침 인사를 건네고, 마음 상하는 일을 당해도 짐짓 대수롭지 않은 것처럼 넘긴다. 다음에 술이나 커피 한잔하자는 인사는 오래된 거짓말이다. 새로 머리를 했거나 새 옷을 입은 동료를 보면 호불호와 상관없는 립 서비스로 거짓말을 날린다. 사안의 경중이 있고, 거짓말의 색깔이 다를 수 있지만, 거짓말은 이미 사회적 삶을 살아가는 필수 요소다.

원래 거짓말은 악惡이다. 거짓말은 사실과 다르게 꾸며서 하는 가언假言, 망어妄語, 허언虛言으로, 어려서부터 해서는 안 될 악행의 대표 격이다. 십계명이나 불경에도 거짓말은 죄악으로 묘사된다. 거짓말에 대한 이런 일반적인 평가는 거짓말이 진실을 왜곡함으로써 특정한 목표를 달성하려는 의도에서 비롯되기 때문이다.

반면 거짓말을 가치 중립적으로 해석하는 시각도 있다. 박재환 (1944~ , 부산대학교 명예 교수)은 《거짓말의 사회학》이란 논문에서, 가치 중립적 시각에서의 거짓말은 모순된 진술, 기표와 기의의 어긋남에 불과하다고 말한다. 상대방의 기분을 상하지 않게 하기 위해서 혹은 현재의 상황에서 새로운 문제를 일으키지 않으려고 굳이 진실을 말하지 않는 거짓말이다. 이런 불일치는 거짓말이라기보다는 삶의 지혜로, 서로에게 용인되는 거짓말이다. 이처럼 거짓말은 도덕적 잣대로 재단되어 비난받기도 하지만, 실존을 유지하는 인간의 존재 조건으로 간주되기도 한다.

거짓말은 말하는 사람을 중심으로 다양하게 발현된다. 작게는 자기 자신을, 크게는 시대나 사회를 대상으로 한다. 신화나 이데올로기는 블록버스터급 거짓말이다. 거짓말의 일반적인 특성이기도 하지만, 신화나 이데올로기는 이해관계에 따라 참말이 되기도 하고 거짓말이 되기도 한다. 인류 역사상 최고의 블록버스터급 거짓말은 히틀러의 거짓말이다. 히틀러는 국경선 일부를 새로 정한다면 전쟁을 하지 않겠다고 영국 총리와 약속했었다. 이 거짓말 때문에 수백만 명이 죽었고, 그 상처는 아직도 진행형이다. 그러나 히틀러가 살아 있었다면 이 거짓말에 대한 논쟁 또한 진행형이었을지도 모른다. 다시 말하면 거짓말은 이해관계에 따라 참말이 되기도 하기 때문이다. 얼마 전 한반도를 긴장시켰던 천안함 사건만 보아도 참말과 거짓말이 설왕설래하고 있다. 이런 혼란은 특정한 목표를 달성하려는 불순한 거짓말이 현실에서 힘을 얻어 참말로 둔갑하기 때문에 생긴다. 전체를 부분으로 축소하고 부분을 전체로 확대함으로써 진실 규명을 어렵게 만들기 때문이다.

광고는 이런 범주의 거짓말이다. 광고하는 사람들이 하는 일은 광고하는 대상의 일부를 전체인 듯 만드는 것이다. 광고는 광고하는 대상의 부분적 타당성만을 유일한 인식 체계로 만들어 버린다. 알튀세르는 전체를 부분인 것처럼, 부분을 전체인 것처럼 인식시키려는 모든 것을 이데올로기라고 불렀다. 그래서 광고는 이데올로기다. 알튀세르의 관점에서 보면 광고는 이데올로기에 의해, 이데올로기 속에서만 작동하며 현실에 영향을 미치는 이데올로기적인 실천이다.

거짓말을 뜻하는 말 중에 '구라'가 있다. 구라 치지 마라, 구라 까지 마라, 라는 사례에서 보듯이 거짓말의 의미로 쓰인다. 원래 구라는 도박판에서 쓰는 말로 '사기'를 뜻한다. 자신은 높은 패를 갖고 있으면서 상대방에게는 높지만 자신보다 낮은 패를 주어 큰돈을 걸도록 유도하는 수법이다. 일본 말 '구라마스'(속이다)에서 유래돼 구라로 변형됐다는 게 정설이다. 이와 유사한 영어가 '블러핑bluffing'이다. 블러핑은 허세나 속임을 뜻하는데, 특히 카드로 하는 포커에서

패가 센 것처럼 허세를 부리거나 엄포를 놓는 것을 뜻한다. 구라와 마찬가지로 블러핑 역시 거짓말의 일종이다.

사실 도박판에서의 블러핑은 상황이나 정황을 설명하는 말일 뿐 실제로 쓰이는 말은 아니다. 실제로 블러핑이라는 말을 일상적으로 쓰는 곳은 광고 회사다.

"제품을 좀 더 블러핑해야 사람들의 관심을 끌 수 있다."

"블러핑이 안 되니까 광고가 너무 뻔해 보인다."

이처럼 광고에서 블러핑은 일종의 모르핀 주사다. 광고주의 과제는 기획 단계에서 1차로 블러핑되고, 제작 단계에서 다시 크리에이티브로 블러핑된다.

영화 〈거짓말의 탄생The Invention of Lying〉에는 블러핑이 빠진 코카콜라 광고가 등장한다. 영화는 거짓말의 탄생 이전을 상정하고 있다. 거짓말을 못하는 코카콜라 대변인이 나와서 코카콜라를 설명하는 형식으로, 일종의 증언식 광고다. 코카콜라의 성분은 갈색 설탕물에 불과하다고 말한다. 디자인을 바꾼 이유는 아이들의 관심을 끌기 위해서라고 고백한다. 비만의 원인이 될 수 있다는 역정보도 내레이션으로 정확히 전달한다. 그리고 브랜드가 소비자에게 최종적으로 전달하고자 하는 가치를 담는 슬로건은 'It's very famous'다.

거짓 없는 진실로 가득한 영화 속 코카콜라 광고를 보면서, 나는 실소를 터뜨렸다. 단지 유명하다는 것 말고 딱히 내세울 것 없는 이 갈색 설탕물은 세계 200여 개국에서 판매되고 있으며, 전 세계적으로 하루에 약 6억 잔 이상 소비된다고 한다. 매년 전 세계 브랜드들의 가치를 계량화해서 순위를 정하는 인터브랜드Interbrand에 따르면, 2013년 애플Apple과 구글Google에 밀려 3위를 차지했지만, 코카콜라는 지난 13년간 전 세계에서 가장 브랜드 가치가 높은 갈색 설탕물이었다. 코카콜라라는 브랜드가 가지고 있는 자산 가운데 갈색 설탕물을 제외한 대부분의 자산이 이미지이고, 그 이미지의 대부분은 광고에 의해 축적되었다.

  나에게 역사상 최고의 광고를 묻는다면, 나는 주저 없이 1920년대의 코카콜라 광고 캠페인이라고 대답할 것이다. 이 캠페인은 청량음료 소비의 비수기인 겨울철, 코카콜라의 소비 증대를 위해 최초로

초기 코카콜라 산타클로스의 모습을 보여 주는 빈티지 포스터. 코카콜라는 그렇게 크리스마스를 소유하기 시작했다.

기획되었다. 코카콜라는 산타클로스를 끌어들였고, 12월의 산타클로스가 어떻게 코카콜라를 즐기는지 보여 주었다. 결과는 완벽했다. 코카콜라는 혹한기에도 즐기는 청량음료가 되었고, 더 놀라운 건 산타클로스가 코카콜라의 직원이 되었다는 사실이다.

코카콜라가 만든 산타클로스는 이전에 존재하던 모든 산타클로스의 이미지를 밀어내면서, 결과적으로 코카콜라의 산타클로스가 크리스마스를 소유하기 시작한 것이다. 우리가 친숙하게 알고 있는 산타클로스의 옷을 장식하는 빨강과 하양은 소속 회사인 코카콜라의 브랜드 색상brand color이다. 그것은 산타클로스의 직장이 북극이 아니라 최초의 코카콜라 본사가 있던 애틀랜타이기 때문이다. 산타클로스의 썰매를 끄는 빨간 코 루돌프Rudolf 또한 크리스마스를 소유하고자 했던 코카콜라의 작품이다.

다시 영화를 보면 코카콜라 대변인은 어린이들의 관심을 끌기 위해 캔 디자인에 흰곰을 그려 넣었다는 고백을 한다. 거짓 없는 진실을 담은 영화의 광고 말고, 블러핑으로 가득한 현실의 광고는 이렇다.

코카콜라가 광고에 흰곰을 등장시킨 것은 2006년 12월이다. 당시 크리스마스 시즌을 맞은 코카콜라의 새로운 광고 캠페인 목표는 'Transform the Holiday', 홀리데이를 변형시키는 것이었다. 코카콜라의 광고 기획자들은 '홀리데이는 소비자들에게 남다른 감상feeling을 제공한다'는 새로운 인사이트를 발견했다. 그리고 남다른 감상의 근원은 '선물gift에 대한 기대'라는 결론을 얻었다. 이런 전략 방향을 세운 코카콜라는 'Recover the MAGIC of Giving'이라는 광고 콘셉트를 개발하기에 이르렀다. 광고는 흰곰 가족이 축제를 즐기는 펭귄들을 보다가 우연히 펭귄 무리에 들어가게 된 아기 곰에게 아기 펭귄이 코카콜라를 나눠 주면서 함께 축제를 즐긴다는 스토리다. 슬로건은 'GIVE. LIVE. LOVE. Coke', 코카콜라와 함께 사랑을 나누라는 메시지를 담고 있다. 한국에서도 동일한 광고가 집행되었다. 그런데 한국 광고에서는 '즐겨 봐! Coke!'이라는 밋밋한 슬로건을 사용했다. 코카콜라라는 브랜드에 대한 한국과 미국의 비동시성非同時性이 반영된 결과다.

사실 콜라 같은 제품은 제품의 속성에서 차이를 만들기가 쉽지 않다. 펩시의 블라인드 테스트 결과처럼 맛에 대한 인식 또한 주관적이다. 따라서 제품 차별화보다는 이미지 차별화에 더 집중할 수밖에 없고, 소비자들의 다양한 브랜드 경험을 통해 견고한 브랜드 이미지를 구축하는 것이 콜라 경쟁의 관건이다. 그 중심에 블러핑이 있다. 우리가 잘 아는 오리온 초코파이가 비슷한 사례다. 오리온 초코파이의 정情 캠페인은 1989년 '선생님과 학생' 편으로 시작했다. 최근 선보인 '정 타임' 캠페인까지 20여 년간 '정'이라는 단일한 콘셉트로 커뮤니케이션하고 있다.

상품의 소비는 자본주의 시스템을 움직이는 가장 중요한 동인이다. 그리고 광고는 상품의 소비를 촉진시키는 가장 중요한 동인이다. 자본주의 초기 단계의 광고는 순진해서 새로운 상품의 출시와 기본적인 정보를 전달하는 수준에 그쳤다. 그러나 자본주의의 진화는 생산력의 증대에 걸맞은 소비의 증대를 요구했고, 우리가 필요로 하는 것 이상을 소비해야 할 지경에 이르렀다. 우리는 신발은 발을 보호한다는 필요에서 출발했지만, 의상에 어울리는 신발, 핸드백과 조화를 이루는 신발, 나를 표현하기에 충분한 신발, 경쟁에서 승리하도록 힘을 주는 신발 등 더 많은 기능의 신발이 필요한 '이유'를 가지게 되었다.

오늘날의 광고는 소박한 정보 전달의 단계를 넘어 그 자체가 하나의 실재하는 세계인 것처럼 구성되기에 이르렀다. 'Perception is Everything'이라는 말이 있다. 맥락은 다르지만, 유홍준(1949~ , 미술사학자)의 『나의 문화유산 답사기』로 널리 알려진 "아는 만큼 보인다"라는 말도 같은 의미를 함축하고 있다. 광고는 소비자들의 기존 인식과 지식에 새로운 상품의 세계를 밀어 넣음으로써 인식과 지식의 재구성을 목표로 한다. 블러핑된 광고 이미지는 상품과 분리된 독립된 이미지로 소비자의 인식과 지식에 침투한다. 급기야 상품과 독립된 광고의 이미지가 실제보다 더 실제적인 것으로 소비된다. 실제는 없고 이미지가 실제가 되는 것이다.

광고인들에게 회자되는 광고의 경구 중에 이런 것이 있다.
"항상 진실만을 말하라. 진실을 많이 말하라. 진실을 말하라고 하는 사람들에게 그들의 기대보다 더 많은 진실을 말하라. 그러나 진실의 전부는 말하지 마라."

전부를 말하지 않는 진실은 기본적으로 믿을 수 없는 진실이다. 광고는 '상업적 진실'이라는 일부의 진실만을 말한다. 따라서 광고인은 상품의 부분적 타당성을 가진 광고 이미지가 상품에 대한 유일한 인식 체계로 부상하기를 꿈꾸는 사람들이다. 세계적인 광고 회사 맥캔에릭슨McCann Worldgroup의 슬로건 '잘 말해진 진실Truth Well Told'은 광고의 이런 삐뚤어진 바람을 함축하는 말이다. 잘 말해진 광고, 그것을 진실이라고 말하는 것이야말로 가장 큰 거짓말이다. 그런 의미에서 광고는 이데올로기ideology이고, 광고인은 이데올로거ideologue다.

광고인들은 시편 116편 11절의 성경 말씀으로 위로받는다.

"내가 놀라서 이르기를 모든 사람이 거짓말쟁이라 하였도다."

유행은 어떻게 광고에 포섭되었나?*

광고하는 사람들은 대중의 경향성을 성찰하고, 인간의 욕망을 통찰하는 일을 게을리할 수 없다. 신상품과 브랜드의 새로운 가치 및 의미가 인간의 욕망과 어떻게 결합될 수 있는지를 고민하는 것이 광고의 일이기 때문이다. 광고가 인간의 욕망에 위배되거나 그것을 자극하는 데 실패한다는 것은 곧 신상품과 브랜드의 실패를 의미한다. 광고하는 사람들은 대중의 경향성에 관해 항상 안테나를 켜 놓아야 하고 인간의 욕망을 점유할 가능성이 높은 '열린 틈aperture'에 대한 탐색을 게을리해서는 안 된다.

대중의 경향성이란 대중적인 지지를 받는 사상이나 행동 또는 어

---

* 이 글은 필자가 '수유 너머'라는 학습 공동체에서 2009년쯤 발제한 글이다. 따옴표 안의 글은 짐멜의 『모더니티 읽기』 중 「유행의 심리학, 사회학적 연구」라는 아티클에서 인용했다.

떤 현상 따위가 일정한 방향으로 기울어지는 성향을 의미한다. 칸트 (Immanuel Kant, 1724~1804, 독일의 철학자)가 경향성을 "습관적인 감성적 욕망"이라고 정의한 것처럼, 대중의 경향성은 이성이나 의지보다는 감성적 충동에 더 많이 기대고 있다. 이런 관점에서 대중의 경향성이 하나의 사회 현상으로 표출되는 유행流行이라는 사회적 사실은 광고의 매력적인 탐구 대상이 아닐 수 없다.

유행의 사전적 의미는 '한 사회 내에서 일정 기간 동안 유사한 문화 양식과 행동 양식이 일정 수의 사람들에게 공유되는 사회적 동조 현상'이라고 정의하고 있다. 광고와 마찬가지로 유행 역시 대중의 구체적인 삶과 깊이 연관되어 있다.

유행이라는 사회적 사실의 독특하고도 강렬한 매력에 주목한 사회학자가 바로 짐멜(Georg Simmel, 1858~1918, 독일의 사회학자)이다. 짐멜은 유행을 일시적이고 즉흥적인 어떤 것이 아니라, 삶의 본질로부터 형성된 독특한 삶의 형식으로 봤다. 그리고 유행은 모든 것을 장악할 정도로 확대되는 전파력과 함께 그만큼 신속하고 철저하게 소멸한다고 분석했다.

유행의 생성과 소멸에 대한 짐멜의 통찰은 자본의 관점에서 매력적인 시사점을 던져 준다. 자본주의는 대량 생산된 상품을 빠르게 소비하고, 새로운 생산물의 새로운 소비를 위한 터전을 지속적으로 창출해 나간다. 광고가 유행의 생성과 소멸이라는 메커니즘을 의도적으로 차용했다는 혐의가 분명해지는 대목이다. 광고는 자본주의의 꽃이 아닌가! 이것은 프로테스탄티즘의 윤리가 자본주의 정신을 고양시켰다는 베버의 주장만큼이나 설득력이 있다.

오늘날, 분명 광고는 유행과의 상호 보완적인 관계를 형성하고 있다. 유행을 광고에 적용하는 소극적인 방식에서 광고가 유행을 주도하는 적극적인 방식까지, 유행의 첨단에는 항상 광고가 있다. 그것은 짐멜이 분석한 유행의 한 속성인 "모든 것을 장악할 정도로 확대되는 전파력"과 관련이 있다. 유행은 광고 이전의 시대에는 자생적 전파력에만 의존했으나, 광고의 시대에는 모든 것을 장악할 정도로 확대되는 전파력을 광고가 통제할 수 있게 되었던 것이다. 광고는 유행의 신속한 생성과 철저한 소멸 모두에 관여하기 시작했다.

이처럼 유행에 대한 짐멜의 통찰은 광고라는 하나의 세계를 설명하는 유용한 도구처럼 보인다. 광고와의 관계성이라는 관점으로 유행에 대한 짐멜의 논의를 추론해 보면, 유행이 어떻게 광고에 포섭되었는지를 간파하는 재미있는 사실 몇 가지를 발견할 수 있다.

첫째, 유행이란 사회적 균등화 경향과 개인적 차별화 경향 사이에 타협을 시도하는 삶의 형식들 중에서 특별한 것이다. 유행을 따른다는 의미는 사회의 일원이라는 동질감과, 타인과 구별 짓고 싶은 원초적 욕구를 동시에 만족시켜 준다. 광고는 상품에 새로운 가치를 부여함으로써 차별화의 조건을 생성하고 대량 소비를 통한 이익의 실현을 목적으로 한다는 점에서 보편성을 추구한다. 짐멜 식으로 표현하면, 광고는 새로운 가치를 담은 상품을 소비하게 함으로써 새로운 삶의 형식들을 추구하는 '변이'의 가치를 획득하게 하고, 변화 속에서도 지속성을 강조하는 '모방'이라는 가치를 통해 대중들에게 심리적 위안을 제공한다.

둘째, 모든 유행이 영원히 지속될 것처럼 보이지만, 유행의 소멸은 시간 차가 있을 뿐 필연적이라는 사실이다. 유행은 새로운 유행에 의해 대부분 소멸된다. 오래된 것은 새로운 것에 자리를 내주기 마련이다. 광고 또한 태어나면서부터 유통 기한을 가진 또 하나의 상품이다. 광고가 상품에 부여한 가치가 더 이상 타인과 나를 구별하는 가치로 작동하지 못할 때, 광고는 상품의 무덤이 된다. 광고와 유행 모두 현재 가치present value라는 측면에서의 유용성에 기대고 있다. 그리고 그 가치란 피에르 부르디외(Pierre Bourdieu, 1930~2002, 프랑스의 사회학자)가 말하는 '구별 짓기'의 가치다. 나와 타인을 구별하는 힘이 사라진 광고와 유행은 필연적으로 소멸한다.

셋째, 유행은 변증법적 진화 과정을 겪는다. 개별적인 유행은 생성과 소멸을 반복하지만 유행이라는 보편적인 개념은 영속적이다. 그리고 소멸된 유행은 뒤를 이어 생성될 유행에 끊임없이 영향을 미친다. 광고도 그렇다. 하늘 아래 새로운 것이 없는 것처럼 사라진 광고는 앞으로 등장할 광고의 중요한 자양분이 된다. 광고에 대한 인식 체계는 초월적 인식을 통해 가질 수 있는 성질의 것이 못 된다.

넷째, 사회학적 관점에서 보면, 유행은 계층적 차이의 산물이다. 한편에선 동등한 위치에 있는 사람들과의 결합을 의미하고, 다른 한

편에서는 그보다 낮은 신분의 사람들에 대한 집단적 폐쇄성을 의미한다. 광고 역시 배타성을 전제로 한다. 유행이 계층적 차이라는 단일적인 기준에 의해 생성되었다면, 광고는 세대 간, 성별 간, 계급 간 등 구별할 수 있는 모든 것들을 구별 짓는다. X세대, 로하스족, 더블인컴족 등 수많은 종족들이 광고에 의해 생성되고 소멸되고 있다. 짐멜은 "유행은 언제나 상류 계층에서만 발생"하고, 하류 계층의 '상층 지향성'이 실천되는 장에서 위력을 발휘한다고 했다. 광고는 수많은 종족들의 가치를 중심으로 여기에 속하지 못한 일반 대중들을 '가치 지향성'이라는 원심력으로 빨아들이면서 영역을 확장시킨다. 그리고 종족의 가치가 보편적 가치로 동화되거나 더 이상 원심력이 작용하지 않을 때 자동 소멸된다.

광고와 유행의 공통된 메커니즘은 가시적인 차이를 드러내거나 구별 짓는 방식으로 작동한다. 유행이 계층적 차이를 드러내려는 인간의 본성에 기초하고 있다면, 광고는 상품의 차이를 소비함으로써 계층적 차이를 가시화하려는 인간의 욕망에 근거하고 있다. 프랑스의 사상가 토크빌(Alexis de Tocqueville, 1805~1859)은 『미국의 민주주의』에서 광고와 유행에 대한 보다 본질적이고 근본적인 견해를 다음과 같이 서술한다.

"사람에게는 어떤 열정이 가장 자연스러울까 하는 것을 자문해 본다면 나로서는 '물질적인 번영에 대한 애착' 이상으로 그들에게 특별히 적합한 것은 없다고 생각한다. 물질적인 안락을 추구하는 열정은 본질적으로 중산층의 열정이다. 이것은 이 계급과 더불어 성장, 확대되며 또 이 계급에 있어서 지배적인 것이 된다. 이것은 이 계급으로부터 사회의 상층부로 상승하기도 하고 또 대중 속으로 흘러들어 가기도 한다.”

토크빌이 말하는 물질적인 번영에 대한 애착이라는 인간의 본성은 짐멜이 분석한 유행의 출발점이다. 그리고 광고가 점유하기를 원하는 인간 욕망의 원형이다. 광고는 물질적인 번영에 대한 인간의 애착에 직접 호소한다.

“사라! 그리하면 구원을 얻을 것이다!”

여기서 구원이란 “모든 이질성을 은폐하는 유행의 평준화 속으로 도피”하는 것이다.

구원은 다음 세상이 아니라 다음 골목에 있다

　인간의 욕구는 보통 생물학적 욕구와 사회적 욕구로 구분한다. 생물학적 욕구가 필요needs의 영역이라면, 사회적 욕구는 욕망wants의 영역이다. 자연 유기체인 인간에게 생물학적 욕구는 한계가 있다. 충분한 수면을 취한 다음에는 바로 또 잠을 잘 수 없고, 과하게 음식을 섭취한 뒤에는 바로 또 먹을 수 없다. 하지만 사회적 동물로서 인간의 욕구는 한계가 없다. 명예는 가지고 가져도 더 가지고 싶고, 돈은 벌고 벌어도 더 벌고 싶어 한다.

　매슬로우(Abraham H. Maslow, 1908~1970, 미국의 심리학자)는 인간의 욕구에는 단계가 있다고 믿었다. 욕구 5단계설(생리적 욕구→안전의 욕구→소속의 욕구→존경의 욕구→자아실현의 욕구)은 이런 성찰의 결과다. 그는 각 단계의 욕구가 충족되는 아주 잠깐 동안 인간은 만족을 경험한다고 말한다. 하나의 욕구가 충족되면, 그다음 단계의 욕구가 생기기 때문이다. 이처럼 인간의 욕구는 점점 더 향상되고, 더 많은 만족감을 주는 것을 추구하는 경향이 있다. 그리고 그 힘은 의외로 강력하다.

광고는 이런 인간의 욕구를 강화하고 통제하는 작동 메커니즘을 습득함으로써 인간 세계로 들어왔다. 광고는 필요의 영역에 있어야 할 물질을 욕망의 영역으로 가져다 놓는다. 물질의 소비를 통해 자아실현과 같은 사회적 욕구를 실현할 수 있다는 착각과 환상을 만들어 낸다. "오늘을 넘어서는 Prestige, 더 진보된 생각, 세상을 리드하는 당신, 지금 경험할 수 있는 미래, 어라이브 테크놀로지." 2013년 12월 현재 온에어되고 있는 자동차 광고의 수사들이다. 이동 수단으로서의 자동차라는 필요의 영역을 넘어 앞선 문화와 기술을 먼저 취하는 사람, 시대를 앞서 나가는 사람이라는 사회적 욕망에 도취하게 만든다.

광고가 필요의 영역에 있어야 할 물질을 욕망의 영역에 가져다 놓는 이유는 단 하나, 물질의 소비를 통해 사회적 욕구를 실현할 수 있다는 착각과 환영을 만들기 위해서다. 물질이 필요를 넘어 욕망의 영역으로 전이될 때 인간의 이성적 가치 판단력은 흐려진다. 등가 교환이라는 기본적인 교환의 원칙은 희미해진다. 물질의 상징적 의미를 소비하거나 쾌락적 즐거움을 추구하는 소비 행위를 할 때, 합리성에 기반한 인간의 인식 체계는 너무나도 무기력해진다. 마치 자폐적autistic이고 자기중심적self-serving 사고 과정인 프로이트(Sigmund Freud, 1856~1939, 오스트리아의 정신 분석학자)의 1차 사고 과정primary process과 유사한 메커니즘으로 진행된다고 한다. 성영신의 논문 《소비와 광고 속의 신체 이미지》에 따르면, 프로이트의 1차 사고 과정은 무의식계를 지배하는 사고방식으로, 쾌락의 원칙을 따르는 비논리적이고 비언어적인 것으로 묘사하고 있다.

광고가 생산하는 착각과 환영을 사람들이 쉽게 수용하는 이유는 그들이 지나치게 물질적이어서가 아니다. 오히려 충분히 물질적이지 못하기 때문이다. 만약 우리가 소비하는 물건이 필요에 의해서만 결정된다면, 필요를 충족시키기만 하면 되는 일이다. 속옷이 필요하면 속옷을 소비하면 되는 것이다. 반드시 캘빈 클라인이거나 아르마니일 필요가 없는 것이다. 그러나 사람들은 필요가 아닌 욕망을 소비한다. 사람들이 진정으로 갈망하는 것은 물질 그 자체가 아니라, 그 물질이 담고 있는 의미이기 때문이다.

광고는 의미를 덧붙이는 작업이다. 똑같은 기계로 만든 똑같은 물건이라 하더라도 그중 하나를 다른 것들보다 더 가치 있는 것으로 만드는 일이 광고다. 그런 의미에서 언제나 더 새롭고, 언제나 더 진화되었고, 언제나 더 편리해졌고, 언제나 더 좋아졌다는 광고의 메시지는 당연하다. 아침에 세 개, 저녁에 네 개의 도토리를 주겠다는 제안에 원숭이들의 원성이 들끓자 아침에 네 개, 저녁에 세 개의 도토리를 주겠다고 '더 가치 있는 제안'을 할 줄 알았던 조삼모사朝三

暮四의 주인공인 송나라 저공狙公은 광고의 수사학을 꿰뚫은 최초의 인물인 셈이다.

사람들은 아주 작은 차이를 가지고도 상대와 자신을 구별 짓고 싶어 한다. 보드리야르는 '차이에의 욕구'라는 말로 현대인의 욕구를 정의한다. 현대인들은 특정 사물에 대한 구체적인 욕구보다는 다양한 자극 대상, 자기를 표현해 주는 대상, 희소성을 갖는 대상에 더 많은 욕구를 드러낸다는 것이다. 사람들은 좀 더 앞선, 좀 더 다른, 좀 더 가치 있는 물건을 소비함으로써 남과 다른 자신만의 세계를 구축할 수 있다고 믿는다. 동시에 사람들은 대중이라는 울타리에서 떨어져 멀찍이 나가거나 뒤처지는 것도 바라지 않는다. 오히려 대중이라는 익명성의 바다에서 노닐기를 원한다. 광고의 뻔한 수사학이 사람들에게 설득력을 갖는 이유다.

얼마 전까지 아이폰i-phone 광고를 보는 마음이 불편했던 적이 있다. 아이폰에서 다른 스마트폰으로 바꾼 지 한 달쯤 되던 때였다. 새 스마트폰을 아무 불편 없이 사용하고 있었지만 아이폰을 바라보는 마음이 그랬다. 아이폰이 앞선 시대를 사는 사람의 필요충분조건처럼 느껴졌기 때문이다. 잡스의 영면과 함께 아이폰의 아우라도 많이 사라졌지만, 여전히 아이폰은 나에게 설득력 있는 아이템이다. 1000만 관객을 모은 영화 〈겨울 왕국〉 이야기로 수다를 떨고 있는 친구들 사이에서 영화를 보지 않은 나는 불안하다. 영화에 대해 한마디도 하지 못하는 내가 시대에 뒤떨어진 사람처럼 생각되기 때문이다.

불편하고 불안한 마음을 해소하는 유일한 방법은 '소비'하는 것이다. 아이폰을 사고, 영화 〈겨울 왕국〉의 티켓을 구매하는 것이다. 인간은 소비를 통해 비로소 구원받는다.

광고는 대중의 이런 불편하고 불안한 마음을 자극한다. 광고는 대중으로 하여금 자신들의 생활 방식과 습관에 불만을 느끼도록 부추긴다. 궁극적으로 사회적 불안감에 호소함으로써 소비에 익숙하도록 유도한다. 이처럼 보편적으로 소구訴求되는 상품을 소비하지 못하는 사람은 탈문명, 반문명으로 분류하는 폭력의 구조가 광고에는 숨어 있다.

광고의 이런 메커니즘은 종교와 상당 부분 닮았다. 인간은 인간의 욕망이 객관적 조건에서 충족되지 못하거나, 주관적 관점에서 결핍되어 있다고 느낄 때, 그에 대한 비판적인 의미에서 종교에 의지하게 된다. 현재의 삶이 충분히 만족스럽다면 신의 역할은 없었을 것이다. 채워지지 않는 욕구와 넘쳐 나는 결핍을 경험할 때, 인간은 신을 필요로 한다. 현실은 불완전하다는 인식이 신을 만들어 내는 것이다.

'구원'이라는 언어로 종교와 광고를 연결시키는 것은 다소 무리한 논의처럼 보일 수 있다. 그런데 재미있는 사실은, 실제로 광고인 1세대들은 교회의 목회 활동에 대해 제법 깊은 연구를 했다고 한다. 약속과 구원의 중요성을 강조하거나, 대중을 사로잡는 설득의 기술이라는 측면에서 교회와 광고는 묘하게 닮았던 것이다. 특히 브루스

바튼이라는 사람은 예수를 아버지의 사업에 몰두하는 광고 영업 책임자로 등장시킨 『아무도 모르는 사나이The Man Nobody Knows』라는 책을 썼다고도 한다.

종교든 광고든 둘 다 현실은 불완전하다는 인간의 인식에서 출발한다. 종교는 다음 세상에 가치를 부여함으로써 불완전한 현실에서도 세상을 의미 있는 것으로 생각하도록 만든다. 광고는 '상품'을 대상으로 똑같은 일을 한다. 모든 광고가 저마다의 매력적인 세계를 가지고 있다. 두산의 기업 PR 광고 '사람이 미래다'는 인간 존중의 세계다. 세스코 광고는 '해충이 없는 깨끗함의 세계'다. 광고가 만드는 세계는 불완전한 현실을 감추는 꿈의 세계다. 기업 논리로 중앙대학교를 무리하게 구조 조정함으로써 사람(학생)은 없고 기업(두산)만 있다는 사회적 비판이 대두되는 현실이고, 해충이 없는 세상은 불가능하다는 것이 현실이지만, 광고는 모든 사람이 꿈꾸는 그런 세계를 동경하게 만든다.

종교와 광고의 또 다른 공통점은 마법적 사고다. 종교와 광고는 모두 나를 믿고 나를 소비하면 삶이 의미를 지니게 될 것이고, 구원받을 것이라고 약속한다. 종교와 광고가 다른 점은 약속의 땅, 그 세계로 들어가는 방법이다.

광고는 종교처럼 다음 세상까지 갈 필요가 없다. 오로지 소비하기만 하면 된다. 중세 말 로마 가톨릭교회가 '면죄부'라는 천국행 티켓을 팔았던 것처럼, 소비는 광고의 세계로 들어가는 티켓이다. 초기

백화점들이 '소비의 성전聖殿'으로 불렸다는 사실은 우연이 아니다.

오늘날 소비는 빼놓을 수 없는 우리 라이프스타일의 핵심이다. 우리는 순례자들처럼 매일, 매주 소비를 위한 여행을 떠난다.

구원은 다음 세상이 아니라 다음 골목에 기다리고 있다.

신화가 된 사나이

에밀 뒤르켐(Emile Durkheim, 1858~1917, 프랑스의 사회학자)과 경쟁 관계에 있던 프랑스 사회학자 가브리엘 타르드(Gabriel Tarde, 1843~1904)는 사회 현상을 설명하는 핵심 개념으로 '모방'을 내세웠는데, 그 방식이 독특하면서도 묘하게 설득적이다.

타르드에게 사회란 "서로를 모방하고 있는 사람들의 집단 또는 모방하고 있지 않지만 전에 똑같은 현상을 모방했기 때문에 공통된 특징을 갖게 됐거나 비슷해진 사람들의 집단"이다. 기본적으로 사회는 인간의 삶 밖에 존재하는 어떤 것이 아니라 오직 사람들 사이의 관계로만 이뤄지며, 모방은 이런 사회의 미시적인 관계망을 지배하는 보편 법칙이라는 것이다. 우리가 공인公人이라고 부르는 사람들에게 높은 도덕성의 잣대를 들이대는 이유가 이것 때문인지도 모르겠다. 타르드의 표현을 빌리면, 공인을 따라 하는 대중의 모방은 일시적이고 충동적인 것이 아니라 지속적이고 내재적인 인간의 욕망인 까닭이다.

광고는 모방이라는 단어가 잘 어울리는 일이다. 왜냐하면 다른 어떤 일보다 사람과 사람 사이의 강도 높은 결합을 요구하기 때문이다. 같은 파트 구성원들의 생각을 결합하고 공유해야 하는 것은 물론이거니와, 각기 다른 파트와의 생각을 일치시키고 공유하는 것에서 일이 시작되기 때문이다. 특히 광고 기획자에게는 기획과 제작, 기획과 매체, 기획과 온라인, 기획과 프로모션 등 캠페인을 둘러싼 수많은 파트들과 생각을 공유하는 것이야말로 가장 기본적이지만 가장 중요한 일이다. 이처럼 광고는 말하는 방식과 듣는 방식, 생각하는 방식과 이해하는 방식이 공동의 작업을 통해 상호 교차하면서 표출되고 축적되는 일이다.

행동 심리학자들의 연구에 따르면, 인간의 의사소통은 말보다도 몸짓과 같은 다른 비언어적인 행동에 더 많이 의존하고 있다고 한다. 의사소통에서 말이 차지하는 비중은 겨우 19퍼센트 정도에 지나지 않는다고 한다. 말하는 사람의 몸짓이나 행동이 들려주는 메시지는 우리가 생각하는 것보다 훨씬 더 많다. 모방은 이런 종류의 메시지를 발신하고 수신하는 방식이다. 광고 회사는 이런 모방 메커니즘을 통해 일종의 집단 지성이 집적되고 경험으로 쌓이는 곳인 셈이다.

이런 측면에서 볼 때, 모방 메커니즘에 가장 많은 영향력을 행사하는 사람에 의해 광고 회사의 성향이 결정된다는 가설은 어쩌면 당연하다. 실제로 웰컴의 박우덕, TBWA의 강철중, 크리에이티브에어의 최창희 같은 대표 선수의 색깔이 광고 회사의 색깔이 되었던 시절이 있었다. 2000년대 중반까지만 해도 많은 광고인들이 대표 선수들을 따라 회사를 옮겼다. 모방은 닮고 싶다는 욕망과 그것은 정당한 것이라는 믿음의 산물이다. 때문에 모방은 다른 어떤 이유보다 강력한 동인이 된다. 지금은 회사 규모와 연봉이 가장 중요한 이유가 되겠지만, 그때는 '누구와 꼭 한 번 일해 보고 싶다'는 욕망이 회사를 옮기는 가장 큰 이유였다.

내가 광고 일을 처음 시작한 대홍기획은 광고 회사의 모방 메커니즘이라는 측면에서 가장 축복받은 회사였다. 대홍기획은 광고라는 것이 전문화, 과학화의 영역으로 진입하지 못했던 시절부터, 시대를 대표하는 불세출不世出의 광고인과 오랜 시간 함께 인연을 맺었기 때문이다. 그는 대홍기획을 만들고 10년 만에 대표 이사가 되었다. 그리고 1999년 5월 3일, 향년 54세의 젊은 나이에 홀연 세상을 떠났다. 그래서 나에게는 신화가 되었다. 바로 광고인 강정문이다.

사실 나는 강정문 대표를 잘 알지 못한다. 내가 입사하던 해, 그는 다른 세계로 떠났으므로. 그럼에도 불구하고 나는 강정문 대표를 너무 잘 안다. 대홍기획에서의 신입 시절, 내가 누구를 만나든 그는 대홍기획 어디에나 있었다. 아이디어 회의를 할 때도, 리뷰를 할 때도, 회의실에서도, 술자리에서도 대홍인들의 마음속에 그는 무소부

재無所不在한 존재였다. 누군가가 또 다른 누군가에게 이처럼 큰 영향과 영감을 남길 수 있을까 믿을 수 없을 만큼 대홍인들은 강정문을 그리워하고 있었다.

광고인 강정문에 대한 나의 호기심이 극에 달할 즈음, 그의 유고집『뭐가 그리 복잡하노? 짧게 좀 생각해라』가 출간되었다. 만날 수 없는 광고인 강정문을 대면할 수 있었던 그의 유고집은 비현실적인 초인을 현실적인 인간의 모습으로 교정해 주었다.

유고집을 통해 만난 강정문은 스피노자(Benedictus de Spinoza, 1632~1677, 네덜란드의 철학자)가 말하는 현자賢者를 닮았다. 스피노자에게 현자는 단연코 존재하는 것에 멈추지 않고 언제나 정신의 참된 만족을 지니고 사는 사람이다. 그리고 누구나 쉽게 찾고 누구나 쉽게 캘 수 있는 노천의 광맥이 아니라 심연 저 깊은 곳에 존재하는 광맥을 향해 끈질긴 탐구 정신과 남다른 시각으로 무소의 뿔처럼 뚜벅뚜벅 걸어가는 사람이다. 내가 광고인 강정문이 스피노자를 닮았다고 주장하는 증거들은 이렇다.

강정문은 대한민국 광고계를 이론의 영역으로 이끈 광고인이다. 세계 10대 광고 시장을 가진 대한민국이지만, 아직까지 광고에 대한 자신의 생각을 이론적으로 정리한 광고인의 글을 본 적이 없다. 광고에 대해 '말'하기는 쉽다. 그러나 '글'로 표현하라고 하면 정작 쓸 말이 별로 없는 것이 광고다. 광고는 그만큼 복잡하고 다사다난한 생각의 얼개들의 집합으로 만들어지는 까닭이다. 광고인 강정문은 광고의 이론화라는 말이 존재하지도 않던 시절에 이미 상당히 체계적인 광고 이론을 구축하고 있었던 것으로 보인다. 대홍기획 사내보인 「대홍보」나 「광고정보」에 실린 그의 글들은 지금 봐도 금과옥조金科玉條다. 나는 광고하는 사람들은 말의 성찬 때문에 망할 거라는 말을 종종 한다. "광고는 이래야 돼! 저래야 돼!"라고 말할 때는 최소한 한번쯤은 글로 써 본 뒤 말의 성찬에만 빠져 있지는 않은지 성찰해 보고, 말하기 전에 그 무게를 가늠해 보길 바란다.

강정문은 공부하고 탐구하는 열정을 즐긴 광고인이었다. 그의 자리에는 늘 광고 관련 원서들이 나뒹굴었다고 한다. 인터넷 초창기 시절엔 전 세계 광고 회사와 광고 전문 잡지 사이트들을 유영하느라 밤을 새우기 일쑤였다고 한다. 그는 괜찮은 글들은 번역해서 후배들에게 알려 주는 일을 즐겼다고 한다. 공부하고 탐구하는 강정문의 열정은 크리에이티브에 대한 천착으로 나타나곤 했다. 그의 리뷰는 전략이나 크리에이티브를 원점에서 다시 논의하는 실무 회의로 자주 바뀌었다. 그리고 그 책임을 지느라 며칠 밤을 후배들과 함께 뜬 눈으로 새우는 선배였다. 얼큰하게 취한 밤이면 먹을거리를 사 들고 와서 후배들에게 나눠 주고, 회의실에 붙어 있는 기획 방향이나 카피 초안들 위에 코멘트를 달아 놓고 돌아가곤 했다. 세상에는 이렇듯 부지런하고 열정적인 사람들이 있다. 강정문은 바닥이 보일 때까지 물고 늘어지는 열정을 가진 광고인이었다.

또 후배들을 사랑한 광고인이었다. 프레젠테이션을 잘 마치거나 좋은 아이디어를 내는 후배들에게 그는 항상 이런 말을 해 주었다고 한다.

"그래, 언젠가 네가 나를 극복하겠구나. 그런 후배들이 빨리 많이 나왔으면 좋겠다."

그는 세상의 모든 선배는 세상의 모든 후배들에게 밟힐 운명을 타고난 존재라고 생각했다. 기왕이면 내 손으로 키운 후배에게 밟히는 게 덜 아프다는 것이 광고인 강정문의 후배론이다. 그리고 그는 자신의 경력보다 후배의 경력에 신경 쓰는 진정한 리더의 면모를 갖춘 광고인이었다. 광고 생활 20년 동안 1998년 '올해의 광고인'상이 그가 받은 유일한 상이다. 그의 손에서 수많은 광고 카피들이 탄생했다. 대부분의 광고상을 휩쓸었고 아직까지 사람들에게 기억되는 "가나와 함께라면 고독마저도 감미롭다"는 카피 역시 그의 작품이다. 그 외에도 수많은 수상작들이 있었지만, 그는 모든 공을 후배들에게 돌렸다. 선배와 후배! 문득, 요즘 광고판에서 이 낱말들이 어떤 의미를 띠는지 궁금해진다.

또한 강정문은 광고를 철학의 문턱 앞에 데려다 놓은 광고인이다. 광고에도 철학이 필요하다는 것을 나에게 일깨워 준 첫 번째 광고인이다. 사실 광고를 어떻게 해야 하는지 잘 알고 있는 광고 기술자는 많다. 그러나 시대와 사회에 필요한 광고는 무엇인지, 광고가 무엇을 해야 하는지를 고민하고 답할 수 있는 광고인은 흔치 않다. 그는 그 답을 찾기 위해 노력한 광고인이었다. 사실 광고와 철학은 공존하기 쉽지 않은 장르다. 광고의 존재 이유는 목표 달성이기 때문이다. 오직 그것만이 광고가 존재하는 유일한 근거다. 반면 철학은 다른 가능성이고 상상력이다. 하나로 규정되는 것에 대한 거부이고, 사물을 보는 다른 시선이 곧 철학이다. 광고와 철학은 첫 출발점부터 안드로메다만큼 멀리 떨어져 있다. 광고인에게 철학은 어쩌면 존재론적인 한계 같은 것인지도 모르겠다. 그럼에도 불구하고 광고인 강정문이 철학과 광고를 만나게 할 수 있었던 것은 그의 특이한 이력 때문이라고 나는 생각한다. 광고인 이전에 강정문은 언론인이었다. 광고인 강정문은 인간 강정문을 이해하는 절반의 수사밖에 되지 못한다. 그는 동아투위쟁의부장으로 1975년에 해직되었고, 먹고살기 위해 광고장이가 되었다. 강정문의 언론사 선배 권근술(1941~ , 전 한겨레신문 대표)은 "언론계가 한 유능한 인재를 잃고 광고계는 탁월한 인물을 얻었다"고 술회한다.

지금부터 20여 년 전 광고인 강정문은 광고계에 이런 질문을 던졌다고 한다.

"사회적으로 전문인으로 인정받는 요건은 그 분야에 대한 지식과 기능적인 숙련도뿐만 아니라 그 직업의 독특한 규범 혹은 윤리까지 포함된다. 신문 기자들은 진실을 생명으로 삼는 직업윤리를 공유하고, 의사들은 히포크라테스 선서의 정신을 직업윤리로 공유하고 있다. 그렇다면 광고인들은 어떤 직업윤리를 공유하고 있는가?"

대한민국에서 15년 넘게 광고인으로 살아가는 나는 고백하건대,

광고인이기 때문에 공유하고 있고 그것을 어겼을 때 도덕적 모멸감과 수치심을 느끼는 직업윤리라는 것을 가져 본 적이 없다. 종종 동료들과의 술자리에서, 광고인의 자부심은 줄어들고 점점 회사원이 되어 가는 현실에 대한 문제의식을 토로하곤 한다. 그리고 대부분의 결론은 외적 조건의 변화를 어쩌겠냐는 자조로 끝이 난다. 하지만 강정문의 질문은 광고인 스스로 전문인으로서의 자부심을 키우라고 독려한다. 광고 심의 규정에 저촉되지 않는 것이 광고인이 공유해야 하는 직업윤리의 전부라면, 광고인은 이미 오래전부터 사회적으로 인정받는 전문인이 아니었던 것이다. 광고의 위기라는 말이 심심찮게 회자되고 있다. 광고인 스스로 광고업 전반에 대한 자기반성과 성찰이 요구되는 시기다.

　광고인의 직업윤리에 대한 대답을 강정문에게서 찾는다면, 그것은 '지성知性'이다. 광고의 직업윤리를 세우고 대한민국 광고의 독창성을 키우는 키워드로 강정문은 '지성'을 강조했다. 그는 "사회적 가치 체계와 무관한 지성이란 있을 수 없다"라고 단언했다. 따라서 기존의 틀을 깨고 임팩트를 높인다는 크리에이티브의 명제가 "결코 반지성적, 반문화적, 몰가치적 그리고 말초적인 자극을 뜻하는 것이 아니라는 점에 유의할 필요가 있다"라고 말한다. "우리가 공유한 사회적 가치와 지성만으로도 얼마든지 임팩트 강한 크리에이티브를 창조해 낼 수 있다는 인식의 전환이 생길 때, 비로소 모방과 추종이 아닌 대한민국 광고의 독창적인 창의성을 꽃피울 수 있다"라는 것이 그의 주장이다.

광고인 강정문은 스스로 광고인의 직업윤리라고 밝힌 '지성'을 광고의 바탕에 두고서도 얼마든지 임팩트 강한 크리에이티브를 창조해 낼 수 있다는 것을 한겨레신문 창간 광고에서 보여 주었다. 1987년 6월 항쟁의 불씨가 양김(김대중, 김영삼)의 단일화 실패로 사그라지고 결국 노태우가 당선되었다. 민주 정권을 열망하던 수많은 국민들이 허탈감에 빠져 있을 때 광고인 강정문은 신문 광고를 통해 국민들에게 이렇게 외쳤다.

대선(12월 16일)이 끝나고 일주일 뒤, 당시 석간이던 동아일보 7면 하단에 실린 이 광고는 허탈과 분노로 빠진 시민들의 마음을 응집시켰고, 권력과 자본에 예속되지 않는 대안 신문의 필요성을 시민들에게 각인시키는 역할을 했다.

'민주주의는 한판 승부가 아닙니다. 한겨레신문에 힘을 모아 주십시오.'

한겨레신문 창간 광고의 외침은 국민들에게 고스란히 전달되어 국민 모금 목표인 50억 원을 단박에 달성했다. 이 광고는 세계 최초의 국민 주주 신문을 탄생시키는 결정적인 역할을 해냈다. 광고의 본분은 언제나 상품 가치를 창출하는 것이지만, 한 걸음 더 나아가 사회적 가치까지 창출하는 광고도 가능하다는 것을 그는 보여 주었다.

광고인 강정문은 전략가나 대표 이사라는 죽은 언어가 아니라 '크리에이티브 맨'이라는 살아 있는 언어로 불리길 원했다고 한다. 그는 광고 회사의 모든 가치는 크리에이티브에 있다고 믿었다. 크리에이티브가 크리에이티브해야 하는 것은 당연한 일이고, 전략, 매체, 관리 심지어 광고주를 설득하는 방식까지도 크리에이티브해야 한다고 강조했다. 조직과 문화 전체가 크리에이티브해야 한다는 것이다. 이를 실천이라도 하듯, 강정문은 연봉 계약제 도입, 광고 전략 선행의 원칙, CD 제도의 정착, 인터랙티브 비즈니스 등을 대한민국 광고업계에 선구적으로 도입하여 경영에서의 크리에이티브를 실천했다.

강정문은 낡고 상투적인 것을 떠나는 데에서 크리에이티브는 시작한다고 여겼다.

"때려 부숴라, 즐거운 것이라곤 하나도 없는 낡은 목록을!"

자라투스트라의 입을 빌려 이렇게 외쳤던 니체처럼 강정문은 초인 Übermensch을 한없이 동경했는지도 모르겠다. 내가 보기에 강정문은 니체의 초인처럼 자신이 처한 현실을 끊임없이 초극하려고 노력한 사람처럼 보였기 때문이다.

어른이 사라진 광고계에 광고인 강정문의 빈자리가 더욱 아쉽다.

우연히 날아온 나비 한 마리

대학 때 재미있게 읽은 『미래는 오래 지속된다』는 알제리 출신의 프랑스 사회학자 루이 알튀세르의 자서전이다. 그는 1960년대와 1970년대의 대표적인 마르크스주의 철학자로 구조주의적 해석을 통해 논쟁적으로 마르크스주의를 분석했다. 그는 예민하면서도 자유롭고, 치열하면서도 고통스러운 인생을 살았다. 이 문제적 인간은 1980년 아내를 교살하고, 10년 뒤인 1990년 권총 자살했다. 알튀세르의 이론적 투쟁은 냉전 상황에서 각자의 진영에 유리하게 마르크스가 해석되던 잘못된 경향을 극복하려 했고, 마르크스주의를 좀 더 생산적이고 현대 사회에 적합한 것으로 만드는 데 기여했다.

책을 읽으면서 특별히 흥미를 끈 것은 알튀세르가 만든 인식론적 단절epistemological break이라는 개념이었다. 알튀세르는 청년 마르크스와 이후의 마르크스를 구분하면서, 마르크스의 사상이 헤겔(Georg Wilhelm Friedrich Hegel, 1770~1831, 독일의 철학자) 철학과 무관하다는 점을 밝히는 과정에서 이 개념을 사용했다. 이처럼 인식론적 단절은 기존의 성과를 바탕으로 발전하는 것이 아니라 오히려 기존의 성과를 부정하면서 과거와의 단절을 통해 드러난다. 과거와의 단절은 하나의 이론적 틀이나 패러다임이 다른 것에 의해 혁명적으로 대체되는 것을 말한다. 알튀세르는 이런 철저한 단절의 논리를 한 인간이 성숙한 존재로 성장해 가는 통과 의례로 봤다.

인식론적 단절을 지적 진화의 관점에서 볼 때, 광고에 관한 나의 인식론적 단절은 한 마리 나비를 만나면서 시작되었다. 어느 날 우연히 날아와 내 어깨 위에 살포시 내려앉은 '버터플라이'는 그 이전과 이후로 나를 바꿔 놓았다.

이것은 125개국 497개 지사, 1만 4000여 명의 직원들을 위한 교육 프로그램이다. 이것은 또한 2400여 개 광고주들의 4300여 개 브랜드를 책임지는 통합적 사고방식이다. 나에게 날아온 한 마리 나비는 "브랜드의 가치를 가장 높이 평가하는 사람들에게 최고로 평가받는 광고 회사가 되는 것"을 목표로 하는 오길비앤마더Ogilvy&Mother의 광고 접근법, 버터플라이 이론Butterfly theory이다.

2003년, 나의 광고 인생은 5년 차에 접어들고 있었지만, 여전히 PT를 프롤레타리아prolétariat로 독해하던 지적 토양에서 크게 벗어나지 못하고 있었다. 나는 논리적이었지만 관념적이었고, 경험적 직관

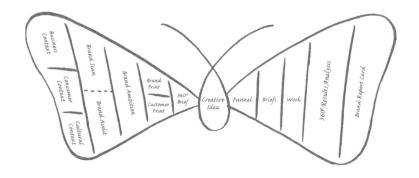

오길비앤마더가 원한 것은 가능한 한 단순한 전략적인 운영 체계와 글로벌 조직에서의 공통된 언어였다. 왼쪽 날개는 분석을, 오른쪽 날개는 실행을 중심에 두고 있다. 그 가운데 크리에이티브 아이디어가 있다.

보다는 사변적 이론에 기대고 있었다. 이미지보다는 텍스트 중심의 사고방식에서 벗어나지 못하고 있었다.

당시의 나는 모든 것을 이론적으로 설명하지 않으면 안 된다는 강박에 사로잡혀 있었다. 기획서에도 자주 인용되는, "소비자의 마음을 사로잡는 것은 기능과 품질이라고 말하지만, 소비자들은 자신의 생활이 달라질 것이라는 기대와 희망으로 산다"라는 마케팅 경구가 있다. 나는 이 말을 그냥 그대로 받아들이지 못했다. 내가 보기에는 논리의 비약처럼 느껴졌다. 나는 왠지 보드리야르의 『소비의 사회』나 『시뮬라시옹』에 나오는 이론적 근거를 찾아 이 경구에 이런 설명을 덧붙여야 할 것만 같았다. "사람들은 결코 사물 자체를 소비하지 않는다. 사람들은 자신과 타인을 구별 짓는 기호로서 사물을 항상 조작한다. 따라서 우리가 살고 있는 이 세계는 실재가 아닌 가상 세계, 즉 시뮬라크르의 미혹 속이기 때문에 기호화된 기대와 희망에 사람들이 움직이는 것이다." 결과를 놓고 보면, 크게 다를 것도 없는 나의 이런 강박은 아이디어나 인사이트를 찾는 데 가뜩이나 어려운 프로세스를 더욱 복잡하게 만들었다.

버터플라이 이론은 나의 이런 강박을 해소하는 좋은 계기를 만들어 주었다. 버터플라이는 브랜드를 운영하는 시스템이다. 브랜드의 현재 상황을 이해하고, 그 상황에 맞는 브랜드 전략을 이끌어 내는 하나의 분석 틀이자 접근 틀이다. 그래서 버터플라이가 제시하는 구조화된 툴tool을 따라가기만 하면 적절한 전략 방향을 얻을 수 있도록 설계되어 있었다. 버터플라이의 가장 큰 장점은 일종의 패턴화다. 광고를 만드는 단계별 프로세스마다 해야 할 일들을 제시했다. 나에게 버터플라이는 복잡하기 짝이 없는 광고를 단순화시켜 주는 훌륭한 도구였다.

버터플라이 이론은 또 다른 측면에서 나에게 문화적 충격이었다. 지금까지 내가 알고 있던 외국계 광고 회사의 접근 틀은 딱딱하고 복잡한 원론서 같았다. 그러나 버터플라이는 그러한 이론을 아이디어로 풀어내는 독특한 방식을 가지고 있었다. 전달해야 하는 내용만큼이나 전달하는 방식의 교묘함과 의외성을 가진 광고 이론은 처음이었다. 버터플라이 이론은 지식을 나열하여 주입시키는 것과 지식을 마음으로 받아들이게 하는 것의 차이를 정확히 이해하고 있는, 가장 광고 회사다운 광고 이론이었다. 말하는 사람의 입장이 아니라 보고 듣는 사람의 입장이 중요하다는 것은 모든 광고 회사들이 이미 주지하는 바다. 오길비앤마더는 버터플라이를 통해, 말하는 방식, 행동하는 방식, 생각하는 방식까지 제대로 된 광고 회사처럼 보였다.

내가 인식론적 단절이라는 용어까지 동원해 가며 버터플라이 이론을 평가하는 이유는 이 신통방통한 광고 이론을 받아들이고 있을 즈음, 어떤 깨달음 하나를 얻었기 때문이다. 그것은 광고에 대한 나의 사고방식을 간결하고 뚜렷하게 만들어 주었다.

역사상 이론의 중요성을 가장 중시한 사상가는 마르크스였다. 인간이 세포를 보려면 현미경이 필요한 것처럼, 마르크스는 사회 현실을 분석하기 위해서는 '과학적 이론'이라는 도구가 필요하다고 생각했다. 맨눈으로 사물을 관찰하면 세포의 구조까지 볼 수 없는 것처럼, 사회를 그냥 보기만 해서는 그 이면을 파악할 수 없다는 것이다. 우리는 종종 이론의 중요성을 망각할 때가 있다. 골프가 좋은 예인데, 대부분 실전 경험이 최고라고 한다. 하지만 그것은 처음 골프를 시작하는 사람들에게 어울리는 말이다. 좀 더 골프를 알게 되면 이론 없는 실전 경험은 사상누각砂上樓閣과 같다는 사실을 금세 알게 된다. 버터플라이 이론은 내가 모르고 있던 광고의 이면을 보여 주었으며, 내가 미처 인식하지 못했던 나의 편협한 이데올로기의 한계를 일깨워 주었다.

'사회'에서 '광고'로 분석의 대상이 바뀌었는데, 나는 여전히 사회를 분석하는 오래된 도구를 쓰고 있었다. 좋은 사회학자가 되려고 습득했던 사회 이론 때문에 좋은 광고 회사 직원이 되기 위해 필요한 광고 이론을 마음으로 받아들이지 못했다는 반성의 순간이었다. 현미경이 필요한 내가 망원경을 파는 가게만 들락거렸던 것이다.

사회 이론과 광고 이론은 그 용도부터가 다르다. 사회 이론이 현상의 이면에 있는 본질을 들여다보는 데 용이한 도구라면, 광고 이론은 현상 또는 현상 이면에 존재하는 한두 개의 중요한 특성을 드러내는 데 적합한 도구다. 사회를 탐구하는 일과 광고를 탐구하는 일은 모두 다 현실의 복잡한 체계를 걷어 내고, 단순화된 새로운 체계를 구성하는 일이다. 그런데 사회 이론은 본질을 끄집어냄으로써 복잡한 현실을 단순화시키는 반면, 광고 이론은 현실을 패턴화함으로써 새롭고 다의적인 통찰과 의미를 전달하려고 한다.

버터플라이 이론은 현실이라는 복잡한 체계에서 다양한 변수들을 하나하나 제거해 나갈 수 있도록 돕는다. 또 접근할 수 있는 다양한 관점들을 모두 다루어 하나의 시선을 갖도록 도와준다. 내가 버터플라이 이론을 통해 얻은 가장 큰 교훈은 우리가 선택한 한 가지 시선으로 대상과 대상 집단을 들여다봐야 한다는 것이다. 그리고 대상과 대상 집단에 대한 다른 관점과 변수들을 완전히 무시하는 것이다. 무릇 광고란 브랜드나 제품을 그대로 재현해 내는 것을 의미하지 않는다. 변수를 제거하고 관점을 좁혀 브랜드와 제품의 특징을 잡아내는 일이다. 그리고 그 특징은 대부분 지금까지 드러나지 않던 브랜드나 제품의 특성과 관계에 관한 새로운 정의definition여야 한다. 왜냐하면 지금까지 드러나지 않던 것이어야 소비자들에게 기대와 희망을 제공할 수 있기 때문이다.

광고는 복잡한 현실을 단순화하는 판타지fantasy를 만드는 일이다. 광고는 통찰을 지닌 단순화 작업이다. 가끔 광고는 현실의 불필요한 부분을 도려 내면서, 중대하고 놀라운 본질을 드러나게 하는 예술처럼 보일 때가 있다. 내가 좋아하는 광고 중에 혼다Honda의 바나나 비즈니스banana business라는 지면 광고가 있다. 일반적인 세일즈 광고라기보다는 브랜드의 철학과 비전을 담은 메니페스토Menifesto의 성격을 담고 있다. 광고를 단순성의 미학이라고 정의한다면, 나는 이 광고가 그 전형을 보여 주는 광고라고 생각한다. 혼다가 바나나 비즈니스를 생각해 내기까지, 얼마나 많은 속성들을 버리고, 얼마나 많은 생각들을 무시하고, 얼마나 많은 변수들을 잘라 냈을까를 생각하면 저절로 박수를 치게 된다. 바나나 비즈니스는 혼다의 철학과 비전을 단순하고 통찰력 있는 말과 그림으로 표현하고 있다. 이를 통해 지금까지 드러나지 않던 혼다라는 브랜드의 특징에 소비자들이 집중하도록함으로써 소비자와의 새로운 관계 맺기를 시도하고 있다.

오길비앤마더의 버터플라이 이론은 끊임없는 단순화 과정을 요구한다. 광고하는 사람들에게 가장 필요한 능력은 복잡한 것을 이해하는 능력이 아니라, 복잡함의 저변에 깔려 있는 단순성을 한순간

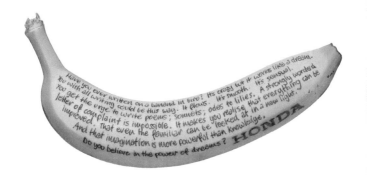

볼펜으로 바나나에 글을 써 본 적이 있습니까?
미친 짓 같지만 믿을 수 없을 정도로 잘 쓰입니다.

시나 소네트sonnet를 쓰고 싶은 마음이 들기도 하고
백합을 기리는 서정시를 쓰고 싶어지기도 합니다.
바나나에 글을 쓸 때는 무거운 어휘가 들어가야 하는
항의서 같은 것은 쓸 수가 없습니다.
바나나에 글을 쓰다 보면 모든 것이 개선될 수 있음을 깨닫게 됩니다.
바나나에 글을 쓰다 보면 아주 익숙한 것조차도
새로운 측면에서 바라볼 수 있게 됩니다.
그리고 우리의 상상력이 지식보다 훨씬 더 강하다는 것을 알게 됩니다.

당신은 꿈의 힘을 믿습니까?

HONDA

에 파악해 내는 능력인지도 모른다. 미국의 물리학자 리처드 파인먼(Richard Phillips Feynman, 1918~1988)은 법칙의 단순성을 설명하면서 이런 결론을 내렸다고 한다.

"현상은 복잡하다. 법칙은 단순하다. 버릴 게 무엇인지 알아내라."

파인먼의 간결한 결론은 광고에 더 많은 영감을 불어넣는다.

"현실은 복잡하다. 광고는 단순하다. 버릴 게 무엇인지 알아내라."

나는 확신한다. 가장 단순한 추상일수록 가장 중요한 통찰을 품고 있다는 사실을.

Creative Brief

광고 기획자(AE, account excutive)들은 다양한 형태의 브리프brief
를 쓰는 사람들이라고 해도 과언이 아니다. 광고주를 만날 때는 광
고 회사를 대표하고, 회사에 와서는 광고주를 대표하듯 일하는 것이
AE의 기본 자세라고 생각한다. 따라서 AE의 가장 중요한 업무는
광고주의 마음과 태도로 회사의 스태프들에게 해야 할 일들을 잘 브
리핑하는 것이다. 크리에이터들을 만날 때는 크리에이티브 브리프,
매체 사람들을 만날 때는 미디어 브리프, BTL 사람들을 만날 때는
BTL 브리프를 쓴다.

사람마다 생각이 다를 수 있지만, 브리프를 잘 쓰는 AE가 가장 많
은 연봉을 받아야 한다. 왜냐하면 브리프는 광고 회사가 만들어 내
는 모든 결과물의 첫 단추이기 때문이다. 첫 단추를 잘못 꿰면 반드

시 다시 채워야 한다. 잘 꿴 첫 단추는 스태프들이 해야 할 일을 구분해 주고, 목표에 집중할 수 있도록 도와준다. 또 스태프들이 쓸데없는 일에 시간을 낭비하지 않도록 가이드가 되어 준다. 결과적으로 좋은 브리프는 광고 회사의 효율성을 증대시키고, 광고주의 만족도도 높일 가능성이 크다.

첫 단추를 잘 꿰는 크리에이티브 브리프란 무엇일까? 현재 한국에는 외국계 광고 회사들의 오랜 경험이 축적된 많은 크리에이티브 브리프들이 있다. 프로세스와 내용 면에서 다소 차이가 있지만, 모든 브리프들이 주지하는 공통의 요소들이 있다. 간략히 언급하면, 다음 세 가지 정도다.

첫째, 광고주와 합의한 목표에 대해 내용을 요약하는 것이다. 그것은 정량적定量的인 목표일 수도 있고, 정성적定性的인 목표일 수도 있다. 중요한 것은 광고주와 합의한 목표 아래 크리에이티브의 큰 방향을 결정하는 단초를 끄집어내는 일이다. 두 번째는 하나의 소비자 그룹을 목표 타깃으로 선택하는 일이다. 가능하면 그렇게 해야 한다. 타깃으로 선택한 소비자 그룹이 단일하고 명확한 퍼스낼러티를 가질수록 크리에이티브의 메시지는 강해지고 딴딴해진다. 현실적으로 단일 소비자 그룹을 커뮤니케이션 타깃으로 선택하는 일은 광고주와 광고 회사 모두에게 대단한 용기를 필요로 하는 일이다.

마지막은 선정된 소비자 그룹에 대한 인사이트를 브랜드가 약속하는 기회와 연결시키는 일이다. 소비자에 대한 깊이 있는 통찰을 발

LBEST Creative Brief

Client		기획팀		작성일	
Brand		작성자		Review일	

1. Key Fact
  : Brand Context 분석 후 비즈니스 문제를 규정하는 Key Information

2. Consumer Problem the Advertising will solve
  : 광고를 통해 해결해야 할 소비자 관점에서의 문제

3. Target Definition
  : 인구통계학적, 제품 및 카테고리에 대한 태도 및 이용행태, 욕구, 라이프스타일 등 고려

4. Principal Competition
  : Target 관점에서의 경쟁 규정
  우리 브랜드를 사용하지 않는다면 예상되는 대체적 행동 규정
  (경쟁브랜드, 대체제, 기존의 습관과 인식)

5. Ad Objective
  : 광고를 통해 결과적으로 브랜드가 성취하고 싶은 소비자 기대 반응

6. One Promise
  : 현재 제품의 단순 Benefit이 아니라 앞으로 Target의 문제를 해결해 줄 명확한 하나의 약속

7. Reason why
  : One Promise를 할 수 있는 브랜드 고유의 명확한 근거
  단, 브랜드의 장점을 나열하는 것이 아니라 Promise와의 relevance를 가지는 이유만을 제시해야 함

8. Mandatories and Policy Limitations
  : 광고뿐 아니라 법적, 의료적, 사내 상황들에서 고려해야 할 사항
  적으면 적을수록 좋음 (슬로건, Tone & Manner, 모델 등)

AE	AP	CR	본부장

*Creative 회의를 통해 재작성 가능
**결론만 간단 명료하게 세부사항은 별도 제시 요

LBest Creative Brief. 외국계 광고 대행사의 다양한 브리프들을 재료로 엘베스트가 2012년에 새롭게 만든 브리프다.

견했더라도 브랜드나 제품이 제공하는 약속과 연결시킬 수 없다면 아무 도움이 되지 않는다. 오히려 핵심 메시지 파악을 더 어렵게 만들거나, 크리에이터들을 혼란에 빠뜨릴 수 있다.

브리프를 구성하는 공통의 요소들을 간결하고 명쾌하게 작성하는 것이 좋은 브리프의 필요조건이다. 좋은 브리프를 완성하기 위해서는 중요한 한 가지 과정이 더 요구된다. 그것은 각각의 요소들을 논리의 황금 실로 꿰는 일이다. 브리프를 구성하는 공통 요소인 광고주와 합의된 목표, 하나의 목표 타깃 설정, 소비자 인사이트와 브랜드 약속의 연결은 기계적 결합이 아닌 유기적 결합을 요구한다. 광고주와 합의된 목표에 도달할 수 있는 목표 타깃의 설정이 필요하고, 목표 타깃의 인사이트를 브랜드의 약속과 만나게 하는 것이 광고주와 합의된 목표를 달성하는 방법이기 때문이다. 각각의 주요 요소는 개별적으로 존재하는 독립적인 단계가 아니라 서로 연결되어 영향을 미치는 유기적 혼합물이라는 사실을 잊어서는 안 된다.

브리프가 하나의 유기적 혼합물이 되지 못할 때, 브리프가 모든 과정들을 하나로 꿰는 논리의 황금 실을 갖지 못할 때, 브리프는 그것을 작성한 사람의 의도와는 무관하게 다양한 해석을 만들어 낼 가능성이 매우 높아진다. 브리프는 크리에이터들에게 방향을 제시하는 깃발이다. 브리프에 대한 다른 해석의 여지가 존재한다는 것은 모두가 방향성을 잃을 수도 있음을 의미한다.

크리에이티브 브리프는 AE가 크리에이터들에게 자신의 생각을 무심코 한번 던져 보는 것이 아니다. 브리프는 AE가 소비자를 읽고 시장을 분석한 총체적인 결과물을 논리의 황금 실로 꿰는 것이다. 따라서 AE는 브리프 작성을 위해 충분한 시간과 노력을 가져야 한다. 그리고 창의적인 사고를 더해야 한다. 브리프는 창의적인 사고 방식으로 기술한 또 하나의 창작물이어야 한다. 소비자와 시장, 창의적 사고, 시간과 노력은 결코 다른 것으로 대체할 수 없다.

오길비앤마더 월드와이드는 두 가지 유형으로 브리프를 구분한다. 하나는 'Direction only', 방향만 제시하는 브리프다. 다소 부정적 의미의 뉘앙스가 풍기지만, 사실 방향성만이라도 제대로 제시해 주는 브리프를 만드는 일은 결코 쉬운 일이 아니다. 소비자를 이해하고, 시장을 분석하고, 인사이트와 브랜드의 기회를 빠짐없이 탐색해야 얻을 수 있는 것이 바로 Direction only 브리프다. 최소한 크리에이터의 열정과 시간을 낭비할 위험은 없는 브리프다.

다른 하나는 'Direction and Inspiration', 방향성과 함께 영감을 주는 브리프다. 모든 AE들은 이런 브리프를 쓰고 싶어 한다. AE들은 자신의 브리프가 프로젝트에 대한 크리에이터들의 관심과 열정을 끌어내기를 희망한다. 브리프는 간결하고 명쾌한 방향을 제시하는 것은 물론 읽는 사람으로 하여금 뭔가를 해 보고 싶게 만드는 영감을 제공해야 한다. 그래야만 크리에이터들은 AE가 준 크리에이티브 브리프를 기초로 일한다. 크리에이터들이 기획의 브리프를 읽고, 기획의 브리프로 일하고, 기획의 브리프로 생각할 때 위대한 작품이

나올 가능성은 그만큼 높아진다. 그것은 기획의 브리프가 올바른 방향성을 제시하기 때문에 크리에이터들이 다시 작업해야 할 위험성이 낮아지기 때문이다. 다시 작업할 가능성을 최소화하고 위대한 작품을 만들 가능성을 최대화하는 크리에이티브 브리프, 그것을 잘 쓰는 AE가 많은 연봉을 받아야 하는 것은 너무나도 당연하다.

그렇다면 이런 방향성과 영감을 주는 브리프는 어떤 것일까? 미켈란젤로(Buonarroti Michelangelo, 1475~1564, 이탈리아의 예술가)를 광고 회사의 크리에이터라고 가정해 보자. 어느 날, 교황 율리우스 2세(Julius II, 1443~1513)라는 광고주가 시스티나 성당의 천장 벽화를 그려 달라는 의뢰를 했다. AE로 온 추기경 알리도치가 어떤 브리핑을 해 주었을 때, 미켈란젤로가 더 위대한 벽화를 그릴 수 있을까?

추기경 알리도치가 생각 없는 AE였다면, 미켈란젤로는 천장에 페인트칠을 해 달라는 성의 없는 브리프를 보게 될 것이다. 게다가 빨강, 초록, 노랑으로만 작업해야 한다고 쓰여 있었다면, 미켈란젤로는 더욱 난감해했을 것이다. 방향도 없고 영감도 없는, 그야말로 최악의 크리에이티브 브리프다. 그러나 신과 아담, 천사와 큐피드, 악마와 성인 중 일부 또는 전부를 활용하여 천장에 성화를 그려 달라는 브리프를 전달받았다면, 최소한 어떤 그림을 그려야 할지 방향을 잡고, 어떻게 그려야 할지 이해하는 데 도움을 받을 것이다. 이것이 Direction Only 브리프다.

그럼 이런 브리프는 어떤가?

"신의 위대한 영광과 이를 통해 사람들이 느껴야 하는 교훈적인 그림을 천장에 그려주시오. 천지 창조, 원죄, 인간의 타락, 신의 격노와 대홍수, 노아의 방주 등을 포함했으면 더욱 좋겠소."

시스티나 성당의 천장화

만약 크리에이터들이 이런 크리에이티브 브리프를 받는다면, 크리에이터들은 당장 일에 착수할 수 있을 것이다. 브리프를 본 순간, 크리에이터의 머릿속에는 온갖 스토리와 이미지들로 넘쳐날 것이기 때문이다. 방향과 영감을 제공하는 브리프는 '천지 창조'라는 위대한 크리에이티브를 만나게 할 확률을 높여 준다.

경험적으로 보더라도 크리에이터들은 영감inspiration 받기를 좋아한다. 논리보다는 말이나 그림이 영감을 제공하는 요소들이다. Direction Only 브리프의 중심이 질서 정연한 논리라면, Direction and Inspiration 브리프는 질서 정연한 논리에 창조적 사고를 더한 브리프다. 창조적 사고는 논리적 개념을 말이나 그림, 음악, 춤과 같은 공식적인 의사 전달 시스템으로 변환시키는 힘을 가지고 있다. 어쩌면 영감을 담은 브리프란 공감각共感覺을 자극하는 브리프인지도 모르겠다. 크리에이터들이 영감 받는 브리프를 쓰고 싶다면 이 한 가지는 명심해야 한다. 브리프를 쓰는 AE 스스로 먼저 영감을 받아야 한다. 브리프가 만들어 낼 크리에이티브에 대한 이미지를 AE 자신이 상상할 수 있어야 한다. 그런 상상조차 주지 못하는 브리프를 가지고 크리에이터들에게 영감을 기대하는 것은 AE의 직무 유기다.

여기서 한 가지 주지해야 할 사실이 있다. 브리프는 크리에이터를 대상으로 한다는 것이다. 크리에이티브 브리프는 크리에이터를 위한 것이지 광고주와 합의된 계약서가 아니다. AE의 첫 번째 클라이언트는 크리에이터다. 그들은 말하는 방식, 생각하는 방식, 행동하는 방식이 다른 사람들이다. 브리프 회의는 그런 크리에이터들을 이해시키고 설득시키고 확신시키는 자리가 되어야 한다. AE들이 이렇게 열심히 일했다거나 이렇게 똑똑하다는 것을 자랑하는 자리가 되어서는 안 된다. 따라서 다음의 몇 가지를 유념해야 한다.

첫째, 똑똑한 척하는 언어나 마케팅 코드를 사용하고 싶은 유혹을 극복해야 한다. 그런 언어와 코드는 자유롭고 허심탄회한 의사소통을 방해한다.

둘째, 브리프 전체를 논리의 황금 실로 꿰어야 한다. 그렇지 않으면 같은 공간에서 같은 이야기를 했더라도 각자의 머릿속에 다른 해석을 만들어 낼 가능성이 높다. 당연히 프로젝트는 산으로 가게 된다.

셋째, 만들고 싶은 브랜드의 색깔을 명확히 해야 한다. 이는 다양하게 해석될 수 있는 여지를 없애야 한다는 의미다. 모든 것을 조금씩 상징하는 브랜드는 힘이 없다. 모든 것을 조금씩 상징해 달라고

하면 크리에이터는 답이 없다.

개념적으로만 본다면 크리에이티브 브리프는 광고주가 '팔려고 하는 것은 무엇인가?'라는 질문을 고객이 '사려는 것은 무엇인가?'라는 질문으로 시각을 이동시키는 일이다. 이런 관점의 변화를 위해서는 현재 소비자들의 상태나 인식을 불완전한 것으로 묘사하는 것이 불가피하다. AE는 크리에이티브 브리프를 통해 다음의 두 가지를 드러내야 한다. 하나는 현재 소비자들이 가지고 있는 인식을 스스로 의심하게 만들어야 한다. 뭔지 모르지만 현재의 인식이 부족하고 결핍된 것으로 느끼게 해야 한다. 다른 하나는 거기에 우리 브랜드가 뭔가를 제공할 수 있다는 확신을 심어 주어야 한다. 우리 브랜드가 소비자들이 느끼는 결핍을 충족시켜 줄 수 있다는 약속을 만들어야 한다.

브리프를 쓰는 일은 문제를 설명하기보다 문제를 해결하는 상상력을 더욱 필요로 하는 일이다. 여기서 말하는 상상력이란 실행과 분리해서는 생각조차 할 수 없는 상상력이다. 막연한 상상이 아니라 실현 가능한 상상, 현실에 영향을 미치는 창조적인 상상이 필요하다. 그럴 때에만 브리프는 우리를 관념의 세계에서 광고라는 현실의 세계로 나아갈 수 있게 해 준다.

브리프는 브랜드를 충실히 이해하고 브랜드가 무엇을 할 수 있는지를 파악하는 첫 번째 작업이다. 그럼에도 불구하고 많은 AE들은 크리에이터에게 브리프를 던지고 나면 자신의 일이 끝났다고 착각한다. 브리프는 일의 시작일 뿐이다. 집 짓는 일에 비유한다면 주춧돌 하나 놓는 일이다. 브리프의 사전적 의미인 '짧은 팬츠'에서 알 수 있듯, 이제 겨우 속옷 하나 입은 것이다. 세상의 모든 AE들은 반드시 기억할 일이다.

"위대한 브리프란 없다. 단지 위대한 크리에이티브, 위대한 캠페인이 있을 뿐이다."

발견을 향한 쉼 없는 항해

싸리재 너머

비행운 떴다.

붉은 밭고랑에서 허리를 펴며

호미 든 손으로 차양을 만들며

남양댁

소리치겠다

"저기 우리 진평이 간다"

우리나라 비행기는 전부

진평이가 몬다.

최근에 나는 윤제림의 시집을 읽다가 인사이트 하나를 발견했다. 제목은 '공군 소령 김진평'이다. 이 짤막한 시에는 '아하' 하고 얻는 깨달음이 있고, 누구나 고개를 끄덕일 자식에 대한 부모의 사랑이라는 보편적 진실이 녹아 있다. 평소에는 잘 깨닫지 못하다가 뭔가 묵직한 깨달음을 던지는 이런 것을 우리는 인사이트insight라고 부른다. 그런데 광고의 인사이트는 이런 깨달음만으로는 부족하다. 제아무리 훌륭한 인사이트라 해도 브랜드와 소비자를 강력하게 연결시키지 못한다면, 그것은 인사이트가 아니다. 광고로 절묘하게 가공되지 못한다면, 꿰지 않은 구슬에 불과하다.

광고에서 인사이트는 '무엇을'과 '어떻게'를 연결하는 마법이다. 인사이트를 만나기 전, '무엇을'과 '어떻게'의 거리는 수십만 광년 떨어진 지구와 안드로메다 사이의 거리다. 하지만 인사이트를 만나면 둘 사이의 거리는 무의미해진다. 광고 대행사 TBWA코리아의 '진심이 짓는다' 캠페인이 좋은 사례다. 캠페인은 손가락 두 개 사이의 거리인 10센티미터 넓은 주차 공간을 아파트를 짓는 사람의 진심과 만나게 했다. 10센티미터라는 '무엇을'은 진심이 짓는다는 '어떻게'를 만나면서 공감과 설득의 힘을 가진 10센티미터가 되었다.

모든 개념이 그렇듯, 말하기는 쉬워도 설명하기는 쉽지 않은 것이 인사이트다. 백마디 말보다 한 가지 사례를 통해 개념을 이해하는 것이 때로는 훨씬 효과적이다. 광고의 인사이트에 대한 견해들을 몇 가지로 아이디얼 타입ideal type화해서 구별해 보면 다음과 같다. 물론 각각의 타입들은 상호 배타적으로 엄밀하게 구분되지는 않는다. 상당한 교집합들이 존재하고 인사이트에 대한 비어 있는 부분들이 많을 수 있다. 그럼에도 불구하고 이처럼 아이디얼 타입화하는 것이 의미 있는 이유는 광고의 인사이트를 찾는 새로운 루트를 고민하고 발견하게 하는 하나의 좋은 이정표가 되기 때문이다.*

먼저 브랜드 인사이트Brand insight다. 브랜드의 생각과 철학을 소비자와 연결시키는 인사이트로, 혼다의 사례가 대표적이다. 혼다의 브랜드 인사이트는 창업주인 혼다 소이치로(本田宗一郎, 1906~1992, 일본의 천재 기술자)의 유년 시절 기억에서 시작된다. 그는 여덟 살 때 처음 자동차를 봤는데, T 포드 초기 모델이었다고 한다. 자동차가 천천히 움직이는데 도저히 따라가지 않

혼다의 브랜드 인사이트를 담은 광고. 샤넬 향수 병에 기름을 담았다.

---

* 아래에서 논의되는 인사이트를 아이디얼 타입화한 구별은 오길비앤마더 자료를 참조하여 각색한 것이다.

을 수가 없었다고 한다. 그리고 마침내 멈춰 선 T 포드에 다가갔던 혼다 소이치로는 유년의 기억을 이렇게 회상한다.

"기름이 새어 나오더군요. 나는 무릎을 구부려 냄새를 맡아 보았어요. 그건 마치 향수 같았습니다."

이 강렬한 기억은 어린 혼다 소이치로의 꿈이 되었다. 창업자의 유년 기억이 혼다라는 브랜드의 강력한 스토리가 된 것이다. '꿈의 힘The power of dream'이라는 혼다의 슬로건은 브랜드 스토리와 만나면서 더 큰 울림을 전해 준다. 노스페이스The North Pace도 브랜드 인사이트를 적극적으로 커뮤니케이션에 활용하고 있다. 한때 청담 사거리에 있는 노스페이스 매장에는 노스페이스 가방을 메고 빌딩을 오르는 킹콩을 닮은 외벽 광고물이 있었다. '결코 멈추지 않는 탐험 정신Never stop exploring'이라는 노스페이스의 브랜드 철학을 탁월하게 보여 주는 사례다.

인사이트는 문화에서도 만날 수 있다. 문화적 인사이트Cultural insight의 좋은 사례는 몽블랑Monblanc이다. 몽블랑은 빠르게 변화하는 시대를 정면으로 비판하면서 소비자들을 설득하고 있다. '속도'는 이 시대의 키워드다. 모든 것이 빠르게 변한다. 불편한 것들은 편한 것으로 대체되고, 오래된 것은 새로운 것에 밀려난다. 만년필이라는 불편하고 오래된 것은 도저히 견딜 수 없는 시대를 우리는 살고 있는 것이다. 그럼에도 불구하고 몽블랑은 여전히 명품으로 사랑받고 있다.

몽블랑의 전 CEO 노버트 플라트Norbert Platt는 이렇게 말한다.

"몽블랑은 정열과 영혼에 대한 것이다. 세상은 계속 결론을 향해 나아가지만 우리는 그 반대다. 기술의 발전은 한 걸음 물러나서 숨을 깊이 쉴 필요를 만들어 냈다. 우리의 기업 철학은 '속도 늦추기', 즉 사이버에의 역공이다. 사람들은 순간을 보존하는 것들을 열망한다."

몽블랑은 시대의 변화에 대한 성찰을 통해 변하지 않는 인간의 본성에 호소한다. 따라서 몽블랑의 브랜드 정신은 시대와 문화에 대한 역공인 셈이다. 몽블랑의 이러한 생각과 철학은 많은 소비자들로부터 공감과 동의를 얻어 내고 있다. 시대를 읽는 몽블랑의 독특한 견해가 명품으로서의 브랜드 지위를 오히려 격상시키고 있는 것이다. 몽블랑의 문화적 인사이트에 동의하는 사람들에게 몽블랑은 골동품이 아니라 가장 앞선 시대를 사는 하나의 상징이다.

통섭적 인사이트Comparative insight도 있다. 'comparative'는 보통 비교라는 말로 해석하는데 나는 통섭統攝이라는 말이 더 좋다. 비교는 다른 것과 견준다는 의미가 강한 반면, 통섭은 단순한 비교나 분석을 넘어 새로운 것을 만들어 내는 데 더 큰 의미가 있는 말이기 때문이다. 통섭적 인사이트의 대표적인 사례가 스타벅스Starbuck's다. 유럽의 카페 문화를 미국 시장에 접목시켜 커피숍을 새롭게 문화 공간화했다. 레드불Red Bull도 아시아의 허브 치료법을 글로벌 브랜딩했다는 점에서 통섭적 인사이트의 좋은 사례다. 이처럼 통섭적 인사이트는 이종 간의 결합을 통해 새로운 것을 만들어 내는 브랜드들에서 발견된다.

마지막으로 철학적 인사이트Philosophical insight다. 설립자나 브랜드의 독특한 철학에서 인사이트를 발견하는 경우다. 중국 전통의 매력으로 세계 패션계를 사로잡은 상하이 탕Shanghai Tang이 대표적인 브랜드다. 설립자 데이비드 탕(David Tang, 1954~ , 홍콩의 패션 사업가)은 상하이 탕에 담고 싶은 철학적 인식을 다음과 같이 밝히고 있다.

"우리는 반드시 중국 본토와 홍콩에서 미키마우스나 스타벅스, 콘크리트로 된 온갖 쇼핑몰과 프티 부르주아적인 것들에 의해 납치되어 강탈되는 신세가 되지 않도록 모든 노력을 기울여야 한다."

상하이 탕은 중국의 자부심을 스타일화한 브랜드인 셈이다. 데이비드 탕은 현대적 중국 스타일로 중국 전통과 팝 아트가 결합된 '마오시크Mao-chic'를 표방하고 있다. 일부에선 중국적인 것에 서구적인 것을 지나치게 가미하여 오리엔탈리즘의 전형이라는 비판을 받고 있지만, 중국옷으로 중국인들을 매혹시키는 것이 자신의 진짜 목표라고 데이비드 탕은 말한다.

다시 부연하지만, 인사이트의 종류를 이념형적으로 구분한다는 것은 언어도단言語道斷일 수 있다. 서로 구분되는 듯하면서 결합될 수밖에 없기 때문이다. 그럼에도 이런 작업이 필요한 이유는 인사이트를 찾는 작업의 방향을 잡아 가는 데 조금은 도움이 되기 때문이다. 이미 간파했겠지만, 인사이트를 찾는 일은 정해진 규칙에 맞춰 진행되거나 프로세스에 의해 축적되는 제조 공정이 아니다. 인사이트를 찾는 일은 발견을 향한 쉼 없는 항해a voyage of discovery이기 때문이다.

인사이트를 찾는 항해에서 소비자와 브랜드는 위도와 경도다. 끊임없이 그 주위를 항해하는 것이 중요하다. 소비자들의 라이프스타일, 의식 구조, 취향, 취미, 희망, 꿈, 영웅, 브랜드와 제품에 대한 태도 등을 탐색해야 한다. 브랜드의 현재 위치, 역사, 철학, 문화, 물성적 속성, 경쟁 상황 등을 심문해 나가야 한다. 그리고 이러한 재료들을 가지고 브랜드가 해결하기 원하는 문제들을 다양한 방식으로 다양한 각도에서 탐문해 나가야 한다.

특히 사무실 밖으로 나가 사람들을 직접 만나고 이야기하는 작업이 필요하다. 요즘은 인터넷을 통해 워낙 많은 정보들을 접할 수 있기 때문에 직접 소비자를 만나는 일이 자칫 부수적인 것으로 치부되는 경향이 있다. 하지만 잊지 말자! 우리가 인사이트를 찾아 떠나는 것은 다른 누구도 아닌 소비자들을 설득하고 변화시키기 위해서다. 소비자들을 만나야 하는 이유는 우리가 찾은 재료들이 소비자들과 어떤 유관 적합성을 가지고 있는지를 살피고, 우리가 놓치고 있거나 미처 깨닫지 못했던 사실들을 발견하기 위해서다.

인사이트는 브랜드와 소비자를 둘러싼 모든 것들을 다양하면서도 통합적인 방법으로 결합해 나가는 과정에서 발견된다. 이 모든 것이 인사이트 투어링(insight touring, 소비자의 인사이트 발견을 위한 다양한 조사들을 통칭해서 부르는 말)이다. 이것은 머리가 아닌 발로 하는 일이다. 인사이트는 창조하는 것이 아니라 발견하는 것이기 때문이다.

　인사이트의 발견은 엄청난 축복이다. 인사이트는 어떻게 하면 소비자가 본능적으로 반응하는지를 알려 준다. 인사이트는 브랜드가 소비자와 밀접한 관계를 맺을 기회를 제공함으로써 경쟁 우위를 갖게 해 준다. 인사이트는 공감을 얻을 메시지와 실패할 메시지를 구분할 수 있도록 우리를 무장시켜 준다. 그리고 커뮤니케이션의 성공을 통해 브랜드와 비즈니스의 성공을 돕는다.

　로직logic은 일시적이지만, 인사이트insight는 영원하다. 로직은 현혹하지만, 인사이트는 설득한다.

아이디어에 관한 인사이트

당신의 광고가 빅 아이디어에 근거하고 있지 않다면 한밤중의 배처럼 휙 지나가고 말 것이다Unless your advertising is built on a big idea it will pass like a ship in the night.

—데이비드 오길비David Ogilvy

광고주가 돈을 내고 광고를 하는 이유는 브랜드의 이야기를 되도록 많은 소비자들에게 강력하게 전달하기 위해서다. 오길비는 광고주의 이런 소망을 이뤄 주기 위해서는 광고의 '빅 아이디어a big idea'가 꼭 필요하다고 단언한다. 그렇다면 광고의 빅 아이디어란 무엇일까? 애석하게도 오길비는 빅 아이디어의 중요성을 강조했지만, 빅 아이디어에 대한 구체적인 방법론을 제시한 적이 없다. 광고의 대가

인 오길비도 비껴간 문제에 대해 여기서 답한다는 것은 어불성설이다. 다만 '아이디어', 특히 '광고의 아이디어'에 대한 생각을 이야기하는 정도가 내가 할 수 있는 전부다.

아이디어의 의미는 그리스어 이데아 idea에서 추적해 볼 수 있다. 플라톤(Platon, B.C. 427~347, 고대 그리스의 철학자)의 이데아론에 따르면, 이데아는 현상 밖의 세상이며, 모든 사물의 원인이자 본질이다. 원래 이데아의 세계는 인간이 있던 곳이었는데, 인간이 레테의 강을 건너 현실 세계로 오면서 이데아를 기억하지 못하게 되었다고 한다. 그러나 플라톤은 인간이 기억하지 못할 뿐, 현실 세계의 사물들은 모두 이데아의 일부를 가지고 있다고 말한다. 집의 이데아가 현실 세계의 집에 부분적으로 나타나고, 아름다움의 이데아가 사물에 부분적으로 나타난다는 것이다. 이데아의 원형은 인간 세상에 존재하지 않지만, 인간은 이성을 통해 이데아를 가늠하고 분별할 수 있다는 것이다. 이데아 세상의 이데아가 인간의 이성에 의해 구현된다면, 우리가 아이디얼 타입 ideal type, 즉 이념형理念型이라고 부르는 것이 이데아와 가장 가까운 모습일 것이라고 생각한다. 이념형은 베버에 의해 가장 명시적으로 논의된 개념이다. 베버에 의하면, 이념형이란 경험적 실재를 사유에 의해 정돈할 때 사용되는 사유 구성체다.

아이디어의 어원이 되는 그리스어 'idein'은 '본다'는 뜻이다. 이데아가 현상에 깃들어 있는 본질적인 부분들의 결합체라면, 아이디어는 그것들을 명쾌하게 펼쳐 보여 주는 것이라는 해석이 가능해진다.

즉 아이디어는 보이는 그 자체로 모든 것을 간파할 수 있는 무엇이 되는 것이다.

나는 이런 이유로 광고의 아이디어를 설명하는 여러 정의들 가운데 잭 포스터Jack Foster의 정의를 좋아한다. 잭 포스터에게 아이디어란, "누군가가 그것에 대해 설명해 주면 내가 그걸 왜 진작 생각하지 못했나? 하고 의아해할 만큼 너무나도 명백한 어떤 것"이라고 말한다. 일상에서 자주 쓰는 결정적인 한 수라는 말이 아이디어의 뜻과 가장 가깝다. 결정적인 한 수는 그것의 전과 후를 구분시킨다. 결정적인 한 수는 설명이 필요 없다. 그 자체로 모든 것을 명백하게 정리해 준다. 이처럼 광고의 아이디어는 모든 것을 분명히 보여 주는 어떤 것이다.

광고주의 오리엔테이션orientation을 받고 사무실로 돌아오면, 수많은 질문들을 만난다. 브랜드가 성취하고 싶은 것은 무엇인지? 그것을 가로막는 것은 무엇인지? 경쟁 상황은 어떤지? 예산은 얼마인지? 일정은 어떤지? 기대하는 결과는 무엇인지? 등등. 광고의 아이디어는 이렇게 얽히고설킨 복잡한 질문들에 대한 답을 명확하게 보여 주는 것이다. 아이디어는 모든 복잡한 상황을 간단히 만들어 버리는 어떤 것이다. 지저분하게 펼쳐진 내용물들을 보자기에 담아 깔끔하게 묶는 매듭이 바로 아이디어다.

흔히 아이디어를 크리에이티브 영역의 문제로만 보는 경향이 있는데, 이는 잘못된 생각이다. 아이디어가 명백하게 보여 주어야 하는 것은 결국 얽히고설킨 전략 단계의 고민들이다. 따라서 전략과 동떨어진 아이디어는 복잡한 현실의 문제를 제대로 보여 주지도 못하고, 깔끔하게 담아내지도 못한다. 그런 아이디어로는 소비자의 공감을 얻을 수도 없고, 파괴력 있는 광고를 만들 수도 없다. 아이디어는 전략과 한 몸으로 태어나기 때문이다.

전략은 브랜드의 목표를 달성하기 위한 계획과 정책이다. 우리가 원하는 브랜드의 모습을 어떻게 하면 달성할 수 있는지를 표현하고 묘사하는 것이다. 이는 굉장히 신중하고 어려운 선택을 의미한다. 왜냐하면 생각해 볼 수 있는 수많은 브랜드의 비전들 중에서 하나의 비전을 선택하는 것이고, 다양한 타깃들 중에서 하나의 타깃을 선택하는 것이며, 전달할 수 있는 가능한 메시지들 가운데 하나의 메시지를 선택하는 것이기 때문이다. 더불어 다양한 실행 방식과 수많은 매체들 중에서 가장 적절하며 필요하다고 생각되는 것을 선택하는 일이기 때문이다. 아이디어는 이런 전략의 고민들을 해소하는 명백한 솔루션이 되어야 한다.

우리가 잘 알고 있는 트로이 전쟁Trojan War을 사례로 전략과 아이디어의 관계를 살펴보자. 어느 날, 스파르타의 왕은 다음과 같은 목표를 브리핑했다. "헬렌을 트로이에서 다시 데려오고 싶다. 최대한 빨리, 인명 손실은 최소화해야 한다. 그리고 많은 돈을 쓰고 싶지는 않다."

모든 광고 회사들은 스파르타 왕의 브리핑 내용에 따라 캠페인을 준비할 것이다. 군사 전략과 공격 계획, 필요한 자원에 대한 검토, 전투 기간과 전쟁 비용, 유동적인 사상자 예측 등 전략적으로 고려해야 할 자료들을 수집하고 분석한 뒤 계획을 세울 것이다. 그런데 이런 핵심 이슈들은 전략의 출발점일 뿐이다. 모든 광고 회사들이 생각할 수 있는 이런 전략으로는 경쟁 우위를 확보할 수 없다. 우리를 차별화하고, 스파르타 왕의 머릿속에 우리를 기억시킬 전략이 필요하다. 전략은 크리에이티브의 첫 단추다. 전략의 각에서 경쟁의 각이 시작된다.

우리가 찾은 것은 트로이의 문화에서는 선물을 절대 거절하지 않는다는 풍습과 말馬에 대한 공경심이 대단하다는 인식이었다. 이런 새로운 고려 사항들은 전혀 다른 전략적 접근을 가능하게 해 준다. 경쟁사들이 비슷비슷한 전략 방향들을 주절주절 이야기할 때, 우리는 풍습과 인식에 대한 이해를 통해 우리의 전략을 무장시킬 수 있다. 이런 남다른 전략적 고려 사항들은 스파르타 왕의 주의를 집중시킬 수 있다. 더 중요한 사실은 이런 전략적 고려 사항들을 통해 '빅 아이디어'에 한 발짝 더 다가설 수 있다는 점이다.

핵심 이슈들을 살펴보면 왕의 목표를 달성하는 일은 간단한 문제가 아니다. 트로이의 군대는 스파르타가 공격해 올 것이라는 사실을 너무도 잘 알고 있다. 게다가 트로이 성은 절벽에 세워져 있고, 그곳을 가는 방법 또한 외길뿐이다. 이런 상황에서 전통적인 방식의 공격을 감행하는 것은 피해가 클 수밖에 없고, 시간과 비용 면에서 위험한 도박이 될 수밖에 없다. 따라서 정면 돌파보다는 기습 공격이 목표를 달성하는 적절한 방법이다.

빅 아이디어를 찾아가는 남다른 전략적 고려 사항은 바로 이때 위력을 발휘한다. 선물을 거절하지 않는다는 풍습과 말을 공경하는 트로이인들의 습관은 우리를 새로운 아이디어로 안내한다. 기습 공격을 통해 목표를 달성할 수 있는, 그리고 스파르타 왕의 허리를 의자에서 곧추세워 우리 이야기에 귀 기울이게 할 수 있는 빅 아이디어는 '트로이 목마Trogan Horse'다.

그리스는 트로이와 10여 년간 공성전을 벌였으나 성을 함락시키지 못했다. 그리스는 거대한 목마를 만들어 30여 명의 군인을 그 안에 매복시켰는데, 트로이 사람들은 목마를 승리의 상징으로 여기고 기뻐하며 성안으로 들여놓았다. 그날 밤, 목마 속의 군인들은 성문을 열고 그리스 군대를 성안에 들여놓았고, 이로 인해 긴 전쟁은 그리스의 승리로 막을 내릴 수 있었다.

트로이 목마는 경쟁사와 우리를 명확하게 구별시켜 주는 우리의 빅 아이디어다. 트로이 목마는 신속하고 안전하게, 게다가 최소한의 희생과 비용으로 헬렌을 되찾아 온다는 스파르타 왕의 목표를 어떻게 실현시켜 주는지를 명백하게 보여 준다. 그리고 문제가 된 핵심 이슈들을 어떻게 해결할 수 있는지를 분명하게 보여 준다. 누군가가 트로이 목마에 대해 설명해 주면 나는 왜 진작 그 생각을 못했는지 의아해할 만큼 너무나도 명쾌한 아이디어임에 틀림없다. 이처럼 트로이 목마는 복잡한 과제를 재구성해서 단순한 해결책을 제시해 준다.

그렇다면 트로이 목마라는 빅 아이디어는 어떻게 창조될 수 있을까? 머리가 아닌 발, 창조가 아니라 발견하는 것이 인사이트라면, 아이디어는 그 반대다.

오래전에 '아이디어'라는 말이 궁금해서 기사들을 검색한 적이 있었다. 1973년 5월 28일 자 매일경제신문에 실린 '아이디어 칼럼'이란 제목의 칼럼이 나에게 작은 깨달음을 주었다. 칼럼은 아이디어를 "생각하는 기계를 움직이기 위하여 휘발유에 불을 지르는 정신적인 불꽃"으로 묘사하고 있었다. 40년도 더 된 오래된 이 칼럼은 '결과'가 아닌 '과정'의 관점에서 아이디어를 바라보도록 나를 교정해 주었다. 그것은 아이디어라는 것이 어느 날 갑자기 날아와 꽂히는 신의 선물이나 천재적인 몇몇 개인의 능력이 아니라, 자극을 주는 누군가와의 상호 작용을 통해 창조될 가능성이 높다는 깨달음이었다.

그런 점에서 브레인스토밍brain storming은 아이디어를 창조하는 좋은 출발점이라고 나는 확신한다. 아이디어를 창조하기 위한 브레인 스토밍 규칙은 이렇다. "내용에 대해 섣불리 판단하지 말 것. 양이 질을 낳는다. 내용은 넓힐수록 좋다. 다양한 아이디어들을 결합하고 개선할 것. 그리고 멈추지 말 것. 좋은 아이디어가 위대한 아이디어 가 될 때까지 밀어붙일 것" 등이다.

　트로이 목마라는 빅 아이디어는 트로이의 풍습과 인식이라는, 전 혀 새로운 전략적 고려 사항들을 발견함으로써 창조되었다. 트로이 의 오랜 전통과 문화를 이해하지 못했다면 결코 채택될 수 없는 아 이디어다. 전략의 각을 세우는 인사이트의 발견, 인사이트를 실행하 는 가장 파괴력 있는 빅 아이디어의 창조, 이 모든 것들은 하나의 궤 에서 만들어진다. 전략과 인사이트 그리고 아이디어 사이에는 생각 하는 방식의 차이가 있을 뿐, 본질적으로 다르지 않다. '무엇을'에서 '어떻게'로, 머리에서 가슴으로 생각하는 방식을 넘나들 때 AE와 크 리에이터의 간극은 사라진다. 문제를 생각해야 할 때와 문제를 느껴 야 할 때가 있는 것이다.

　내가 생각하기에 광고를 만드는 전 과정에서 가장 중요한 것은 좋 은 인사이트를 발견하는 일이다. 좋은 인사이트는 전략과 아이디어 를 연결하는 다리 역할을 한다. 그리고 인사이트가 이런 역할을 수 행하기 위해서는 다음의 세 가지를 점검해야 한다.

　첫째, 발견한 인사이트가 정직해야 한다. 억지로 끼워 맞춘 인사이트가 아니라 브랜드의 생각과 행동에서 자연스럽게 유추되는 인사이트여야 한다.

둘째, 소비자와의 관계성을 쉽게 간파할 수 있어야 한다. 아무리 좋은 인사이트라도 소비자가 공감하기 어려운 것은 인사이트가 아니다.

셋째, 발견한 인사이트가 새로움을 만들어 낼 수 있어야 한다. 소비자의 관점에서 우리를 다른 경쟁사와 구별할 수 있는 차이를 만들 수 있는 인사이트인지를 점검해야 한다. 인사이트는 대부분 보편성을 전제로 할 때가 많다. 흔히 일반론으로 지적받는 인사이트는 소비자의 생각과 행동에 새로움을 만들지 못한다.

새로움을 주지 못하는 인사이트로 만들어진 아이디어, 그런 아이디어로 만들어진 광고는 결국 한밤중 망망대해를 지나는 배처럼 소비자의 눈과 귀에 머물지 못하고 휙 지나가 버릴 것이기 때문이다.

적합하고 독창적이며 임팩트 있는

직업으로서의 광고 일은 내게 대체로 만족스러웠다. 무엇보다도 광고 기획자(AE)라는 직업은 나의 기본 성향과 잘 맞았다. 일단 많은 사람들을 만난다는 것이 좋았다. AE는 광고주는 물론 광고 회사에 있는 사람들뿐만 아니라, 편집실, 녹음실, 모델 에이전시 등 아웃소싱이 일어나는 곳의 사람들과도 일한다. 일일이 세어 본 적은 없지만, 하나의 광고를 위해 AE가 만나는 사람들은 족히 30명은 넘을 듯싶다. 만나는 사람들이 많으니 알아야 할 것도 그만큼 많다. 광고 만드는 일은 물론이고, 회사의 전반적인 시스템을 파악하는 일도 AE의 주요 업무다. 모든 것이 낯설지만, 꽤 잘 적응했다. 결국 사람의 문제였고, 관계의 문제였다. 모르는 것은 물어보고 힘에 부치는 일은 도움을 받으면 될 일이었다.

마케팅전략연구소에서 보낸 1년도 큰 도움이 되었다. 광고에 대한 이론적 동향이나 조사 내용을 깊이 있게 들여다보는 능력은 AE에게 꼭 필요한 능력 가운데 하나였다. 더구나 2000년대 초반까지도 과학적 접근이 강조되는 전략 부분과 전략을 기초로 창조되는 크리에이티브 부분을 엄격하게 구별하는 경향이 강했다. 전략은 과학적·논리적·이성적 사고를 지배하는 좌뇌의 영역이고, 크리에이티브는 감성적·직관적·창조적 사고를 지배하는 우뇌의 영역이라는 식의 구분이었다. 지금은 전략과 크리에이티브 영역의 경계가 애매모호한 경우도 많고, 전략 자체가 크리에이티브의 모티브motive가 되는 경우도 있다. 좌뇌와 우뇌를 구별하던 과거의 관점에서 보면, 전략과 크리에이티브의 경계가 모호한 지금의 방식은 모두 잘못된 것이 되는 셈이다. 전략도 크리에이티브도 트렌드나 유행을 탄다. 어쨌든 당시의 정서는 AE에게 좌뇌의 영역만을 중요하게 여겼다. 따라서 AE 막내에게 요구되는 광고의 전문성이란 마케팅전략연구소에서 눈칫밥으로 얻은 좌뇌의 지식이면 충분했다.

그러나 기준과 원칙이 없는, 경험으로만 얻는 지식의 한계를 나는 잘 알고 있었다. 사회학을 공부할 때도 그랬다. 사회를 바라보는 하나의 관점과 이론을 통해 현상을 들여다볼 때와, 관점이나 이론 없이 볼 때 얻는 지식의 깊이와 폭이 달랐다. 나는 광고를 바라보는 하나의 관점을 원했고, 경험을 판단할 기준과 원칙이 되는 이론이 필요했다. 그때 'R.O.I'를 만났다.

당시 대홍기획은 오리콤과 함께 광고 사관 학교라고 불릴 만큼 훌륭한 교육 프로그램들을 많이 갖추고 있었다. 그중에서도 'R.O.I 집체 교육'은 가장 심혈을 기울이는 교육 프로그램이었다. 교육은 매년 전 대홍인들을 대상으로 오산에 있는 롯데그룹 연수원에서 실시되었다. 일주일간 교육을 받고 시험을 통과해야 하는데 시험에 떨어진 사람은 통과할 때까지 재입소 교육을 받았다.

광고 일은 일주일 이상 자신이 맡은 업무를 미룰 수 있는 일이 거의 없다. 누군가는 반드시 정해진 기간에 그 일을 해야 한다. 그럼에도 불구하고 광고인들을 대상으로 일주일간의 강도 높은 교육 프로그램을 운영한다는 것은 조직 관리 측면에서 결코 쉬운 일이 아니다. 요즘 어떤 광고 회사가 일보다 교육을 전면에 내세워 일주일의 전사적 교육 프로그램을 실시할 수 있을까? 이런 교육 프로그램의 실행은 내면 깊은 곳에서부터 우러나는 철학적 신념에 바탕하지 않고서는 불가능한 일이다. 대홍기획의 R.O.I 집체 교육은 강정문 대표에 의해 기획되고 추진되었다. 교재로 쓰이는 『The Springboard Approach』 서문에서, 그는 R.O.I 교육 프로그램의 필요성에 대해 다음과 같이 기술하고 있다.

"가장 효과적인 광고 전략을 개발할 수 있는 방법은 없을까? 특히 광고 이론에 전문적인 지식 축적이 되어 있지도 않고 경험도 많지 않은 광고 회사 신참들의 전략적인 사고를 한 발 한 발씩 이끌어서 훌륭한 전략에 이르도록 하는 길잡이나 도구를 만들어 낼 수는 없을까? 우리 회사 내의 직원들이 광고에 접근하는 사고방식의 기틀을 잡아 주고 또 토론이나 아이디어 발상 과정에 같이 공유할 수 있는 우리 회사 특유의 '접근 틀'을 만들어 낼 수는 없을까?"

서문의 한 문장 한 문장에서 진정성과 절실함이 묻어난다. 현재의 관점에서 보면, 지극히 실사구시實事求是적인 고민처럼 보이지만, 당시의 관점에서는 새로운 세계를 열고 새로운 패러다임을 제시하는 열망과 환희가 전해진다. 마땅히 읽을 책 한 권 없던 광고계였다. 일본판 광고 서적을 밤새워 번역하고 끼리끼리 돌려 읽던 시절이었다.

어쩌면 인용된 서문의 고민은 지금의 광고계에서도 여전히 유효한 진행형 고민인지 모르겠다. 언제부터인가 광고 회사 공채가 사라졌다. 광고 회사의 인력 수급은 마치 다단계처럼 이루어지고 있다. 전혀 다른 광고 회사 출신의 사람들이 외인 구단처럼 팀을 이루고 있다. 그럼에도 불구하고 가장 효과적인 광고 전략을 개발하는 방법을 광고 회사 차원에서 고민하고 있다는 이야기를 나는 듣지 못했다. 신참들을 위한 광고 길잡이나 도구를 개발하기 위해 노력하는 광고 회사의 소식도 들어 보지 못했다. 같은 회사 사람들이 공유하는 접근 틀 따위를 제대로 갖추려고 노력하는 광고 회사를 풍문으로도 접하지 못했다. 요즘 후배 광고인들이 습득하는 광고 지식이란 팀 내에서 경험적으로 전승되고 학습되는 게 전부일 것이다. 캠페인을 만드는 프로세스는 물론 공유하는 광고 브리프조차 없는 광고 회사가 대부분이라는 풍문에 낯이 뜨거워진다.

20여 년 전 대홍기획은 광고에 접근하는 방식을 공유하는 '접근 틀'을 대홍기획의 오랜 파트너였던 디디비 니드햄DDB Needham의 R.O.I 접근법에서 찾았다. R.O.I는 적합성relevance, 독창성originality, 임팩트impact 있는 커뮤니케이션을 강조하는 접근법으로, 광고주에게 투자 보상Return on investment을 창출하는 데 도움을 주기 위해 DDB와 니드햄 하퍼Needham Harper가 합병한 직후인 1987년에 만들어졌다. DDB 니드햄 시카고의 조사·전략 기획 부문장이었던 빌 웰스Bill Wells가 쓴 것으로 알려져 있다. 초창기 R.O.I는 크리에이티브 브리프 수준을 벗어나지 못했으나 R.O.I를 사용하는 직원들이 아이디어를 보태고, 내용을 강화하면서 점점 광고 전략 개발의 종합적인 실무 지침서로 발전했다고 한다.

강정문 대표가 처음 R.O.I 접근법을 도입한다고 했을 때, 업계는 물론 학계의 심한 반대에 부딪쳤다고 한다. 시장 상황과 정서가 전혀 다른 외국의 접근법을 맹목적으로 수용한다는 비판이었다. 그러나 강정문 대표의 생각은 달랐고 명확했다. 불완전하고 미숙한 도구를 자체 개발하여 사용하는 것보다 경험을 통해 검증된 도구를 사용하는 것이 광고 회사나 광고주를 위해 나쁠 게 없다는 확신이었다. 사대적이라는 비판에 대해서는 조금 먼저 일을 시작한 친구로부터 배운다는 것은 전혀 모욕적인 일이 아니라고 선을 그었다. 그리고 청출어람靑出於藍의 의지만 있다면 이 경험을 토대로 보다 훌륭한 우리만의 틀을 언젠가는 개발해 낼 수 있을 것이라고 그는 굳게 믿었다.

외국계 광고 회사들은 오래전부터 저마다의 접근 틀을 가지고 있었다. 사치Saachi의 브리프The Brief, 린타스Lintas의 링크 플랜Link Plan, J.W.T의 T 플랜T Plan, FCB의 그리드모델Gridmodel 등이 대표적이다. 이 접근 틀은 고정된 법칙이 아니다. 시대의 변화를 수용하고, 사회의 변화를 반영한다. 사람들의 관심사와 성향의 변화를 감지하여 거기에 적용시킨다. 외국의 광고 회사들은 시공간이 축적된 이런 방법론으로 광고에 접근하고, 그 틀 안에서 사람을 키운다. 불행히도 아직까지는 고유의 접근 틀을 가진 국내 광고 회사가 있다는 소식을 듣지 못했다. 우리나라의 광고 회사는 매출이나 순이익 같은 외형적인 규모에 집착하고, 외국 광고제에서 상을 수상하는 데는 기를 쓰지만, 고유의 접근 틀을 만드는 데는 별로 관심이 없다. 대한민국은 세계 10위 광고 시장이다. 그럼에도 불구하고 제대로 된 독자적인 접근 틀 하나 없는 것이 대한민국 광고계의 현실이다.

다시 R.O.I 논의로 돌아오면, 내가 보기에 R.O.I는 적어도 세 가지 측면에서 분명한 기여를 했다. 첫째는 당시 인구학적 분석에 머물던 타깃 집단을 '표적 집단'이라는 새로운 개념으로 대체했다. 커뮤니케이션은 30대 직장인, 40대 주부처럼 추상적인 개념의 집단과 나누는 대화가 아니라 감정과 태도, 습관과 의견, 생각과 행동을 갖춘 살아 있는 사람과 나누는 역동적인 대화라는 것이다. 따라서 상상력과 통찰력을 동원한 목표 타깃의 설정을 필수 요소로 보았다.

두 번째는 단 하나의 가장 중요한 핵심 통찰key insight만을 브리프에 담게 함으로써, 브리프를 크리에이티브의 출발점으로 삼게 했다는 점이다. 이는 전략의 역할을 크게 확장시켰다. 여기서 핵심 통찰이란 곧 전략적 통찰을 의미한다. 전략이 광고주나 조사 자료가 말하는 내용을 설명하는 수준에 머물러서는 결코 전략적 통찰에 도달할 수 없다. 전략적 통찰은 광고주의 주장을 소비자의 이해로 바꿀 때 발견된다. 소비자가 진정으로 추구하는 것이 무엇인지, 그 의미를 재해석할 때 전략적 통찰에 가까워질 수 있다.

마지막으로 크리에이티브와 결합된 매체 전략을 검토하게 만든 최초의 시도가 R.O.I 접근법에서 이루어졌다. R.O.I 접근법은 우리의 목표 집단이 언제, 어디서, 어떤 상황에서 우리의 제안을 가장 잘 받아들일 수 있는지를 고민하게 한다. 목표 집단이 마음의 문을 활짝 열어 두는 시간과 장소, 환경 등을 찾게 만든다. 메시지 수용의 열린 틈Aperture of receptivity이라는 개념은 그렇게 만들어졌다. 대홍기획의 '선영아 사랑해' 캠페인을 기억할 것이다. 이 캠페인이 4대 매체를 벗어나 플래카드를 캠페인의 전면에 내세울 수 있었던 것은 R.O.I라는 접근 틀의 성과로 봐야 한다.

접근 틀은 만병통치약이 아니지만 우리가 해야 할 것과 하지 말아야 할 것을 구분하는 데 도움을 준다. 또 주관적 판단의 오류로부터 객관적인 시각을 갖는 데 도움을 준다. 광고를 바라보는 하나의 관점을 갖는다는 것, 광고를 탐색하는 하나의 방법론을 갖는다는 것은 그 자체로 위대한 시작이다. 스티븐 호킹(Stephen Hawking, 1942~ , 영국의 이론 물리학자) 박사는 "우주는 법칙과 질서를 따라 움직이기 때문에 우주를 탐험하고 연구할 수 있다"라고 했다. 광고의 접근 틀은 소비자를 탐험하고 연구하는 법칙과 질서를 제공해 준다.

윌리엄 번벅(William Bernbach, 1911~1982, 미국의 광고인)은 R.O.I와 관련해서 아래의 말들을 남겼다. 광고가 적합하고 독창적이며 임팩트가 있어야 하는 이유를 적절한 사례로 증명하고 있다.

적합성relevance. 단순히 눈길만 끌기 위해 광고에 물구나무선 사람을 썼다면 그것은 잘못된 광고다. 그러나 호주머니에서 물건이 쏟아져 나오지 않는다는 것을 보여 주기 위해 물구나무를 세웠다면 그건 옳은 광고다.

독창성originality. 하드 셀hard sell이니 소프트 셀soft sell이니 하는 말들은 잊어버려라. 당신에게 혼란만 주기 때문이다. 당신의 광고가 소비자들에게 어떤 실체를 말하고 있는지, 소비자들에게 어떤 정보나 서비스를 말하고 있는지 확인하라. 그리고 과거에 어느 누구도 하지 않았던 방식으로 말하고 있는지 확인하라.

임팩트impact. 훌륭한 크리에이티브는 보다 경제적으로 판매를 크게 신장시켜 준다. 또한 유사성의 수렁에서 당신의 주장을 건져 올릴 뿐 아니라, 소비자들이 수용할 수 있게 하고, 믿게 만들고, 설득되도록 하며, 당장 필요한 것으로 받아들이게 할 수 있다.

3장

어쩌다 광고쟁이가 되어

의도하지 않은 결과

1999년, 나는 내 인생에서 한 번도 그려 보지 않은 세계로 빨려 들어갔다.

1999년은 한 치 앞도 내다볼 수 없는 혼돈의 시기였다. 정치 경제적으로는 금융 투기 자본에 의해 경제적으로 사형 선고를 받은 대한민국호가 백척간두의 위기에 서 있었다. 아들의 손가락을 잘라 보험금을 타내려 했던 비정한 아버지, 아기에게 먹이려고 분유를 절도했다는 슬픈 모정의 기사가 심심찮게 들려오는 시기였다. 사회 문화적으로는 2000년대라는 새로운 밀레니엄을 맞는 세기말 현상이 두드러지게 나타났다. 구세대에게는 환멸과 비애를, 신세대들에게는 막연한 불안과 초조를 선사했다. 엘리베이터가 멈추고, 전화가 불통되고, 어쩌면 핵 원자로가 녹아내리며, 하늘을 날던 비행기가 추락할지 모른다는 막연한 불안감이 있었다. 이른바 밀레니엄 버그 millennium bug라고 불린 컴퓨터 대란이 가져올 최악의 시나리오로 불안이 증폭되던 때였다.

그해, 나는 사회학과 대학원생으로 사회조사연구소 조교였다. 사회조사연구소는 사회관 원형 잔디가 정원처럼 펼쳐진 아름다운 조망을 가지고 있었다. 늦은 저녁이 되면 얼큰하게 취한 버릇없는 학부생이나 선배들이 쉬어 가는 아지트 역할을 했다. 어느 가을의 늦은 밤, 나는 콜로키움에 발표할 논문을 쓰고 있었다. 논문은 "개인은 사회의 반영물이며 사회의 창"이라는 뒤르켐의 관점을 담고 있었다. 뒤르켐은 『자살론』에서 자살은 개인적 사건이지만, 그 뒤에는 사회라는 거대한 구조가 존재한다고 피력했다. 나는 실업 또한 마찬가지라고 생각했다. 실업을 개인의 무능력이나 나태함의 소치로 치부하는 당시의 경향에 대해 다른 시각으로 이야기하고 싶었다. 실업은 엄연한 사회적 사실social facts이며, 진공관 같은 사회에서 발생하는 것이 아니라는 게 논문의 논점이었다.

자정을 거의 넘길 무렵, 후배 하나가 연구소 문을 열고 들어왔다. 그때는 대기업 공채가 동시다발적으로 일어나던 때였고, 종이 입사 지원서가 인터넷으로 대체되는 시기였다. 지금처럼 컴퓨터가 보편화되지도 않았고, 인터넷 사정 또한 마땅치 못했다. 후배는 낮에는 로드가 너무 심해 인터넷 신청을 할 수 없어, 부득불 심야에 사회조사연구소로 왔다며 사정을 이야기했다. 나는 컴퓨터 한 대를 내주고, 후배가 사 온 시원한 맥주를 한 모금 들이켰다. 한참 입사 지원서를 쓰던 후배가 운명의 한마디를 날렸다.

"형! 광고 쪽 재밌을 것 같지 않아요. 형은 광고 일 하면 잘할 것 같은데. 석사도 뽑는다는데 입사 지원서라도 한번 써 보시죠?"

"광고? 자본주의의 꽃?"

나는 후배보다 짧게 한마디를 던지고 《실업, 참을 수 없는 존재의 가벼움》에 대해 열심히 썼다. 새벽 2시, 논문을 끝내고 후배랑 이런저런 얘기를 하다가 재미 삼아, 진짜 재미 삼아 입사 지원서를 썼다. 대홍기획, 당시의 나로서는 처음 들어 보는 광고 회사였다. 나중에 알게 된 사실이지만, 대홍기획은 롯데그룹의 하우스 에이전시로 당시 매출 기준으로 제일기획, LG애드에 이어 금강기획과 3위를 다투는 광고 회사였다.

사실 회사원이 된다는 생각은 한 번도 해 본 적이 없었다. 석사를 마치면 당연히 박사 과정을 밟는 것이 나의 길이라고 생각했다. 학부 시절부터 함께하던 학습 공동체가 있었다. 우리의 목표는 노동자 대학을 만드는 것이었다. 노동의 가치와 중요성을 노동자들과 공유하고 사회적으로 확산시킬 필요성을 절감하고 있었기 때문이다. 대학 설립이 허가제에서 신고제로 바뀌면서 미래에 대해 처음으로 그려 본 구체적인 구상이었다.

입사 지원서를 냈다는 사실조차 잊고 몇 주가 지났다. 어느 날 학과 사무실에서 대홍기획이라고 쓰인 우편물을 받았다. 우편물은 1차

서류 심사에 합격했으니 2차 면접 심사를 받으러 오라는 내용이었다. 기쁘면서도 당황스러웠다.

"광고? 자본주의의 꽃?"

후배에게 짧게 던진 이 한마디가, 내가 알고 있는 광고의 전부였다. 발터 베냐민이 간파했듯이 자본주의의 대량 생산은 대중을 끊임없이 재생산함으로써 가능한 시스템이다. 자본주의는 인간의 본능, 궁극적으로는 사회적 불안감에 호소함으로써 사람들을 소비 생활에 익숙하도록 만든다. 대량 생산에 참여했던 산업 혁명 초기의 노동자를 대량 소비에 참여하는 소비자로 자연스럽게 변모시킨 것이 자본주의다. 광고가 자본주의의 꽃으로 불리는 이유가 여기에 있다. 대량 생산 능력이 커지면서 대량 유통을 통한 대량 소비의 필요성이 대두되었고, 광고는 시장의 확장에 따라 소비자의 개인적 욕구를 확장시켜 왔다. 이처럼 광고는 인간의 욕구와 습관을 재생산하는 것을 목표로 한다.

면접관들이 듣기 원하는 광고에 대한 나의 지식은 전무했다. 면접 심사를 가야 할지 말아야 할지 고민했다. 그러나 고민의 시간은 길지 않았다. 문득, 한 번도 경험하지 못한 면접이라는 상황이 너무 궁금했다. 면접을 위해 뒤늦은 광고 공부를 시작하는 것은 어리석어 보였다. 나는 석사 학위 논문으로 현대 사회의 스포츠 상품화를 다루고 있었는데, 광고 회사와 관련 있는 스포츠 마케팅 분야의 내용을 무기로 준비했다.

1999년은 한국 사회의 스포츠 상품화가 양적, 질적으로 급속하게 팽창하던 시기였다. 꿈의 리그인 메이저 리그에서 거둔 박찬호의 성공과 LPGA 투어 첫해 LPGA 챔피언십에 우승하고, US여자 오픈에서 신인왕을 거머쥐며 혜성같이 등장한 박세리, 한국 프로 야구 최초로 54홈런이라는 대기록을 달성하며 타격 5관왕에 오른 이승엽의 활약 그리고 곧 있을 2002년 월드컵에 대한 기대까지 스포츠 이슈가 사회적 이슈를 잠식할 정도였다.

나는 논문에서 스포츠 영웅의 탄생과 스포츠 마케팅의 확산이라는 한국 사회의 질적 전환을 사회학적인 관점에서 분석하고 있었다. 논문을 쓰면서 확인한 사실 중 하나가 이런 스포츠 영웅들을 중심으로 한 브랜딩이 상당히 효과적이라는 사실과 그 효과를 측정하는 눈에 보이는 지표가 광고 효과로 해석되고 있다는 것이었다. 면접에서 내가 할 말은 정해졌다. 스포츠 영웅의 탄생과 스포츠 마케팅의 확산은 광고 회사와도 밀접하게 연관되어 있다. 대홍기획이 앞선 광고 회사가 되려면, 이 변화를 준비하고 대응하지 않으면 안 된다. 나는 거기에 최적화된 사람임을 느끼게 만드는 것이었다.

이른 아침, 대학로에 있는 대홍기획 로비에는 정장 차림의 입사 지원자들로 넘쳐 났다. 열 명을 뽑는다고 했는데 50~60명 정도가 기다리고 있었다. 그리고 일주일 뒤에 합격 통보를 받았다. 나는 도서관으로 달려가 광고에 관한 교양서들을 닥치는 대로 읽었다. 그 후 두 번의 심층 면접을 통과한 후에야 대홍기획에 입사했다. 시절은 바야흐로 2년 차 IMF 시대를 넘고 있었다.

나는 한 번도 광고인이 되고 싶은 적이 없었다. 그린데 재미 삼아, 진짜 재미 삼아 쓴 대흥기획 입사 지원서가 한 번도 경험하지 못했던 내 삶의 이면으로 나를 데려다 놓았다.

비코(Giambattista Vico, 1668~1744, 이탈리아의 사회학 창시자)는 '의도하지 않은 결과'라는 개념을 통해, 때로 역사는 의도와 전혀 다른 결과에 의해 움직인다고 설명한다. 이것은 여전히 현대 사회 과학의 주요 쟁점 가운데 하나다.

좋은 사회학자에서 광고 회사 직원으로

좋은 사회학자가 되고 싶었던 나는 광고 회사 직원이 되었다. 아카데미에 안주하지 않고 활동가로서의 실천을 게을리하지 않겠노라 다짐했던 학습 공동체도 그즈음 사라졌다. 한 선배는 조사 회사로, 다른 선배는 박사 과정으로, 동기는 한국예술종합학교 영화 전공으로 각자의 살길을 찾아 흩어졌다. 한국 사회의 가치와 공동체를 파괴하고 해체시켰던 IMF의 광풍은 학습 공동체라는 우리의 구체적인 일상까지 영향을 미쳤다.

광고 회사 직원이 된 나의 서울 생활은 옥수동에서 시작되었다. 옥수역에서 내려 200여 개의 가파른 돌계단을 오르고 계단 없는 길을 5분 정도 오른 다음, 다시 돌계단을 100개쯤 오르면 나오는 집이었다. 집 근처 슈퍼마켓 아주머니는 이곳이 MBC 주말 드라마 〈서울의 달〉의 배경이었다는 이야기를 자랑하듯 들려주었다. 아주머니의 말 속에는 힘들어도 열심히 살라는 위로가 녹아 있는 듯했다. 나는 그럭저럭 그곳이 좋았다. 그곳은 서울에서 보기 힘든 다닥다닥 붙은 집들과 좁은 골목들이 부산의 정서를 담고 있었다. 게다가 집 뒤로 조금만 더 올라가면 한강이 한눈에 들어오는 풍광을 즐길 수 있어 더 좋았다. 다만, 옥수동 집을 나올 때까지도 적응하지 못한 한 가지가 있었다. 겨울 한 달은 한파에 물이 자주 어는 바람에 옥수역에서 머리를 감고 세수를 해야 하는 일이었다. 하지만 그 시절 그 정도는 견딜 만했다.

옥수동 집을 만난 것도 따지고 보면 IMF 덕분이었다. 옥수동 집에 살던 선배가 결혼하게 됐는데 IMF 여파로 집주인이 전세금을 돌려줄 상황이 아니었다. 선배는 전세금을 받을 때까지 나를 그 집에 강제 거주시켰다. 물론 나로서는 감사한 일이었다. 너무 갑작스럽게, 아무 준비 없이 시작된 직장 생활이었다. 사회조사연구소 조교로 했던 마지막 일이 '뉴밀레니엄을 위한 부산의 과제와 비전'이라는 조사 프로젝트였는데, 이 프로젝트를 오퍼레이팅하며 받은 100만 원이 당시 내가 가진 돈의 전부였다. 공짜로 거주할 곳이 생겼다는 것 자체가 큰 위안이었다. 옥수동 생활은 다음 해 여름까지 계속되었지만, 내가 그곳을 나올 때까지도 선배는 전세금을 돌려받지 못했다.

대홍기획은 대학로에 있었다. 지금은 홍대가 가장 핫한 젊음의 거리지만, 그때는 대학로였다. 언제나 볼거리들이 넘쳐 났고, 젊음이

빚어내는 여유와 열정, 신선함과 재기발랄함의 에너지가 거리를 가득 메웠다. 광고 회사 직원이라는 낯선 생활의 활력은 내가 대학로에 있다는 흥분에서 찾았다. 대학로의 낮과 밤은 전혀 다른 색조를 띠었는데 그것은 강력한 정서적 혼합물이 되어 나를 지탱해 주었다. 마르크스는 존재가 의식을 규정한다고 했지만, 내 의식은 대학로에 있었다. 광고 회사 직원이라는 내 존재로부터 대학로는 해방구였다. 그렇게 대학로는 내 젊은 시절을 추억하는 중요한 공간이 되었다.

아무 준비 없이 광고 회사 직원이 된 내가 현실의 벽을 경험하는 데는 오랜 시간이 걸리지 않았다. 처음으로 마주친 벽은 '용어'였다. 용어의 벽은 문화적 벽과 전문성의 벽, 두 가지였다. 먼저 문화적으로 느낀 용어의 벽은 남용되는 영어였다. 사람들은 일상적으로 "스피스픽specific한 팩트fact들을 딥deep하게 어낼러시스analysis해서 인사이트insight를 파인딩finding해라" 같은 문장들을 주고받았다. 처음 회의를 하던 날, 마치 잘난 척하기 선발 대회를 보는 것 같아 거북하기까지 했던 기억이 생생하다. 이런 경향은 제작 팀을 만날 때 가속도가 붙었는데, 영어를 남발하는 화법이 전문성을 대변한다는 그릇된 믿음에 사로잡혀 있다는 것을 나는 금세 알 수 있었다. 한번은 제작 팀과 술을 마시는데 '대림 e편한세상' 촬영을 위해 뉴질랜드에 갔던 일화를 들려주었다. 회의할 때마다 영어를 하도 많이 써서 기획이나 마케터들은 영어를 잘하는 줄 알았는데, 외국 사람 만나서는 한마디도 못하더라는 것이다.

두 번째로 용어의 전문성에서 느낀 벽은 광고 마케팅 용어였다. 나의 첫 근무지인 대홍기획의 마케팅전략연구소는 크게 두 가지 역할을 하고 있었다. 하나는 마케팅 리서치 등을 통해 현업에 직접 도움을 주는 것이었고, 다른 하나는 좀 더 아카데믹하게 외국의 광고 이론이나 사례를 연구하는 것이었다. 리서치 업무는 사회조사연구소 조교 경력이 큰 도움이 되었고, 이론이나 사례 연구는 직업으로서의 학문을 했던 터라 크게 문제 될 것이 없었다. 문제는 사회 조사 용어와 광고 마케팅 용어가 너무 달랐다는 점이다. 사회 조사에는 분석 용어 외에 별다른 전문 용어가 없는 반면, 광고 마케팅 용어는 달랐다. MS(market share), TOM(top of mind), SOV(share of voice) 등의 생소한 용어들은 나의 전문성 없음을 한없이 일깨워 주었다. 정말 부끄러운 고백이지만, 한동안 나는 광고 회사에서 지겹게 쓰는 PT(presentation)라는 용어의 뜻도 몰랐다. 당시 내가 아는 PT는 프롤레타리아 prolétariat뿐이었다. 익숙한 듯 낯선 용어 PT는 광고 회사가 요구하는 광고에 대한 나의 수준을 정확히 말해 주는 바로미터였다.

또 다른 벽은 사례였다. 자신의 의견을 내세울 때나 마무리할 때, 사람들은 어김없이 사례를 열거했다. 모두가 알고 있다는 전제에서 회의는 계속되었고, 나는 혼자 안드로메다를 날아다녔다. 사례는 흩어진 개념들을 응집시켜 단순화하는 효과가 있고, 말의 경제성이란 측면에서 효율성 높은 커뮤니케이션 방식이란 생각이 들었다. 하지만 사례를 악용하는 사람들도 있었다. 자신의 불완전한 논리를 완성시키는 만병통치약처럼 사례를 인용하거나 국면 전환의 재료로 사례를 활용하는 사람들이다. 확실한 구분법이 있다. 사례가 주는 교훈을 중시하는 사람과 사례의 인지 여부를 문제 삼는 사람이다. 경험적으로 후자의 사람들은 악의적인 의도를 가진 사람이거나 논리로 무장하지 못한 불쌍한 사람일 확률이 높다.

직업으로서의 광고를 해야 하는 나에게 현실의 벽은 딛고 넘어야 할 큰 숙제였다. 가장 먼저 시작한 것이 마케팅 관련 서적을 읽는 일이었다. 경영 대학원 출신 동기에게 가장 대중적인 마케팅 책을 추천받았다. 노란색 하드커버의 마케팅 원론 책이었다. 한 달 동안 열 번 정도 탐독했던 기억이 난다. 그리고 회의 중에 나오는 광고 마케팅 사례들을 꼼꼼히 정리하고, 부족한 부분은 책에서 다시 한 번 찾아 분석했다. 광고 마케팅 사례 노트가 차곡차곡 쌓여 가는 속도와 비례해서 높게만 느껴지던 현실의 벽이 조금씩 낮아지고 있었다. 두 계절이 지나갈 무렵, 나는 제법 광고 회사 직원 같은 면모를 갖추기 시작했다.

마케팅 원론 책을 읽고 사례들을 정리하면서 내린 마케팅에 대한 나의 결론은, 마케팅은 학문이 아니라는 것이었다. 마케팅은 사례들의 집합체이고, 사례들을 통해 살아 움직이는 유기체 같았다. 마케팅은 현상을 규명하고 그 규명된 현상을 새로운 마케팅에 적용하여 재화나 비용을 최소화하려는 노력이다. 세상에 똑같은 재화는 존재할 수 없고, 재화가 존재하는 조건 또한 다르다. 그리고 재화가 만날 소비자는 지역마다 상황마다 시기마다 다를 수밖에 없다. 따라서 마케팅은 학문적으로 존재할 수 없고, 오직 사례로써만 인용될 수 있다. 현상 아래 감춰진 본질을 발견함으로써 지속 가능한 이론을 구축하려는 학문의 영역에서는 결코 이해될 수 없는 것이다.

마케팅에 대한 이런 결론은 마케팅에 대한 전문성이 부족했던 내가 내린, 결코 가치 중립적이지 않은 결론이다. 그러나 마케팅에 대한 나의 생각이 광고 회사 직원으로서 내가 하는 일에 대한 자신감으로 승화된 것은 분명한 사실이다.

이방인, 오늘 와서 내일 머무는 방랑자

매주 월요일 아침이면 주니어들이 순번을 정해 최근 광고 트렌드나 마케팅 사례를 발표하는 시간을 가졌다. 대체로 논문이나 광고 관련 글들을 요약 정리해서 발표하는 것이 관례였다. 한 달에 한 번 정도 차례가 돌아왔는데, 나는 조금 다른 방식으로 발표하고 싶었다. 사회학적인 관점으로 발표하고 싶었다. 연구소에서 유일한 사회학 전공자로서의 자존심도 있었지만, 내가 하고 있는 일을 내 생각과 내 언어로 말하고 싶은 욕구가 더 컸던 것 같다.

당시 유행하던 펀Fun 광고를 발표 주제로 잡았다. 1999년 말부터 2000년 초까지, 좋은 광고는 가장 큰 웃음을 주는 광고라는 말이 있을 정도로 펀 광고들이 넘쳐 났다. 연구 자료를 보면, 불황기일수록 소비자들은 더 강한 원초적 자극을 원하고, 구매 행동에 중요한 영향을 미친다는 것이었다. 당시는 IMF로 인한 불황과 세기말 현상이 대한민국을 강타하던 시기였다. 펀 광고의 유행은 사회 경제적 조건에 대한 대중의 심리를 광고가 교묘하게 파고든 결과라고 할 수 있다. 더 강한 원초적 자극이 웃음으로 나타나고 있었던 것이다. 나는 펀 광고를 어떻게 해석해야 할지 고민했다. 발표 제목은 '광고에 나타난 웃음의 사회학적 의미', 정확한 내용은 기억나지 않지만 대략 이런 것이었다. 웃음을 풍자, 해학, 위트 등으로 분류하고, 그 분류법에 맞는 광고들을 다시 분류했다. 분류된 광고들은 일정한 경향성을 보였는데, 브랜드의 성격과 소비자의 관계에 따라 광고에 나타나는 웃음의 수위와 방향성이 결정된다는 것이다.

발표 내내 분위기는 좋았다. 펀 광고라는 주제가 일단 재미있었고, 분류법과 결론이 신선하다는 이야기도 들었다. 그런데 부소장의 한마디에 분위기는 180도로 반전되었다. 웃음을 분류하는 것과 광고를 만드는 것이 무슨 상관이 있느냐는 것이었다. 그리고 한 시간 가까이 광고에 대한 이런 식의 접근은 곤란하다는 정신 교육을 받았다. 결론에 대한 문제 제기였다면, 나는 이해했을 것이다. 하지만 부소장의 지적은 구체적이지 않았고, 맥락도 없었다. 그날의 교훈은 생각의 출발점이 달라도 너무 다른 세상에 들어와 있다는 사실을 다시 한 번 확인한 것이었다.

광고 마케팅 용어나 사례를 통해 그들을 이해하려는 노력은 오히려 쉬운 일이었다. 당시 연구소에는 심리학과 경영학 전공자들이 많아서 소비자 행동론을 이론적 배경으로 하는 지적 풍토가 강했다. 또 대홍기획은 일반 광고 회사와 달리 인적 구성의 변화가 거의 없어서 공채 출신들을 중심으로 한 문화가 견고하게 뿌리를 내리고 있었다. 마케팅전략연구소는 그 정도가 특히 심했다. 조직 행동 분야의 대가인 제임스 마치(James G. March, 1928~ , 미국의 경영학자)가 주장한 '탐색과 활용 패러독스'에 갇혀 있는 것처럼 보였다.

마치는 조직 행동을 두 가지로 구분한다. 하나는 지식, 문화 등 이미 갖고 있는 역량을 잘 활용exploitation하기 위한 행동이고, 다른 하나는 가지고 있지 않은 새로운 역량을 탐색exploration하는 행동이다. 전자는 효율을 높이고 리스크를 줄이는 것이 핵심이고, 후자는 창조성과 과감한 리스크 감수를 필요로 한다. 마치는 대부분의 조직이 모험적 탐색보다는 이미 보유한 자원을 반복적으로 활용하여 성과를 만들어 내는 데 점점 익숙해진다고 진단한다. 그러나 성공의 공식에만 집착하다가는 변화에 적응하지 못하여 치명적인 위험을 불러올 수 있다고 경고하는데, 이것이 탐색과 활용 패러독스다.

상황은 언제나 변하는 것이고, 패러다임의 전환은 예고를 모른다. 우리가 흔히 말하는 혁신은 계획한다고 할 수 있는 것이 아니다. 혁신을 위한 시간 계획표를 만드는 일은 어리석은 일이다. 왜냐하면 혁신은 나중에 설명될 뿐이기 때문이다. 중요한 것은 혁신의 기회가 도처에 널려 있게 만드는 문화다. 기존의 것과 다른 것을 배척하는 게 아니라 다른 것에도 창조적인 탐색이 이뤄질 수 있도록 열어 놓는 문화가 필요한 것이다. 이런 것들을 요구하기에 대홍기획의 마케팅전략연구소는 많이 경직되어 있었다. 적어도 나의 눈에는 그랬다.

그럼에도 불구하고 직업으로서의 광고를 결심한 이상 대홍기획 마케팅전략연구소의 언어와 관점을 습득해야 하는 것은 당연한 일이었다. 그 안에서 나의 언어와 관점을 잃지 않도록 노력하는 것이 내가 할 수 있는 유일한 방법이었다. 마케팅전략연구소에서의 시간과 비례해서 나는 점점 마케터가 되어 가고 있었다. 그러나 역설적으로 마케터가 되어 가는 내 모습이 낯설었다. 나의 20대를 배신하는 것이라는 미망에 사로잡혀 악몽을 꾸기도 했다. 돌이켜 보면 20대의 나는 날 선 칼날 같았다. 그때는 그래야 한다고 생각했다. 나의 생각과 언어, 이데올로기를 공유하지 못하는 사람들과의 대면은 늘 불편했다. 날 선 칼날을 숨긴 채 좀 더 보편적이고 부드러운 이야기를 한다는 것이 위선 아니면 현학처럼 느껴졌기 때문이다. 주위에는 온통 나와 비슷한 사람들만 있었고, 또 그 안에 있어야만 편안했다. 마케터가 되어 간다는 생각이 들수록 본래의 내가 무뎌져 간다는 생각을 자주 했던 것 같다.

마케터가 되어 가면서 대학 시절 익숙했던 레토릭rhetoric들도 잊혔다. 20대의 나는 입만 열면 자본의 한계에 대해, 계급에 대해, 사적 소유와 혁명에 대해 이야기했다. 불과 몇 개월 만에 최초 상기율top of mind에 대해, 구매율에 대해, 소비자에 대해 이야기해야 하는 현실은 만만치 않았다. 언어와 레토닉이 바뀌면 그것만 바뀌는 것이 아니다. 관심 대상이 바뀌고, 보는 시각이 바뀌고, 생각이 바뀐다. 그 시절 나는 그 경계에서의 아슬아슬한 줄타기가 힘들었다. 짐멜 식으로 말하면 '이방인'이었고, 송두율(1944~, 재독 사회학자)의 표현을 빌리면 '경계인'이었다.

짐멜은 이방인을 방랑자와 비교해서 설명한다. 방랑은 모든 공간적 지점으로부터 분리되어 있는 개념이다. 그리고 어느 한곳에 고정되는 것에 대한 반대 개념이다. 반면 이방인은 방랑자의 이 두 가지 특징이 통합되어 있다. 이방인은 오늘 와서 내일 머무는 방랑자이다. 더 이상 이동하지는 않지만 오는 것과 가는 것의 분리 상태를 완전히 극복하지 못한 방랑자다.

오늘 와서 내일 머무는 방랑자라는 짐멜의 표현은, 과거와 현재 그리고 미래를 바라보는 나의 불편한 시선에 큰 위로가 되었다. 오늘의 내가 내일의 나를 규정한다는 강박에서 벗어날 수 있다는 것 자체가 위안이었다. '이래도 될까?'라는 내면의 질문에 '괜찮다, 괜찮다'라고 다독여 주는 것 같았다.

언젠가 독버섯으로 불린 버섯을 위한 변명에 관한 글을 읽은 적이 있다. 사람들이 독버섯이라고 부르는 건 사람들 식탁의 논리일 뿐, 독버섯으로 불린 버섯 입장에서는 아무 의미도 없는 수사일 뿐이라는 것이다. 왜냐하면 독버섯이란 규정에는 버섯의 자기 논리, 자기 이유가 빠져 있기 때문이다.

오늘 와서 내일 머무는 방랑자, 이방인에게는 자기 논리, 자기 이유가 분명해야 한다. 머무는 곳의 논리와 이유를 자기 것으로 받아들이는 순간, 이방인이기 때문에 누리는 자유는 사라진다. 자유는 자기 논리와 이유로 살아가는 사람들의 것이다. 어쩌면 자유인은 영원한 이방인이다.

일상, 일상성, 일상생활

시간은 모든 것을 제대로 작동하게 만드는 힘이 있다. 대홍기획에 불시착한 내 인생은 더 이상 사건이 아닌 일상이 되었다. 사건이 일상이 되면 보이지 않던 것들이 보이게 마련이다.

마케팅전략연구소 일은 어렵지 않았다. 대학원 시절 사회조사연구소 경험이 큰 도움이 되었다. 팀장의 가이드를 받았지만, 200~500명 정도의 마케팅 조사나 FGI(Focus Group Interview)를 구조화하는 일은 자율적으로 진행할 수 있었다. 마케팅 조사 보고서나 광고 효과 조사 보고서도 큰 도움 없이 작성하는 수준이 되었다. 그 외의 일은 외국 마케팅 서적을 번역하거나 마케팅 사례를 수집하고 정리하는 일들이었다. 번역서 한 권을 출판했던 기억도 난다. 직함은 연구원이었지만, 마케팅 플래너marketing planner 역할이 주된 업무였다.

광고를 만드는 일에 마케팅 플래너의 역할은 매우 제한적이었다. AE들의 조사 업무를 대행하는 스태프 정도의 역할이 대부분의 일이었다. 물론 전략 회의에 참석하는 경우도 있었지만, 그 역할은 미미한 수준이었다. 지금은 마케팅 플래너가 어카운트 플래너(AP, accunt planner)로 진화해서 전체적인 광고 전략 수립에 적극 참여하지만, 2000년대 초·중반까지만 해도 AP는 낯선 개념이었다. 마케팅전략연구소는 광고 회사이면서 광고 회사답지 않은 섬 같았다.

'일상생활의 사회학'이라는 새로운 영역을 구축한 앙리 르페브르(Henri Lefebvre, 1901~1983, 프랑스의 사회학자)는 일상은 끊임없이 반복되기 때문에 비참하지만, 땅 위에 뿌리를 박고 영원히 지속되기 때문에 위대하다고 했다. 그러나 일상의 위대함을 알기에 나는 너무 젊었다. 내가 더욱 답답함을 느꼈던 대목은 아카데믹에 갇혀 스스로 고립되어 있는 상황을 오히려 즐기는 정서였다. 중심에서 벗어나 주변을 배회하고 있다는 생각이 들었다.

르페브르는 인간의 전체성을 세 가지 차원에서 파악할 수 있다고 말한다. 필연의 차원인 '욕구의 차원', 필연의 차원을 충족시키는 '노동의 차원' 그리고 정교화된 법칙성에서 벗어난 '즐거움의 차원'이 그것이다. 인간은 이 세 가지 차원이 유기적으로 통합될 때에만 비로소 참된 인간의 모습을 실현할 수 있다. 예컨대 배고픔이라는 욕구를 해소하는 노동은 생존이 아니라 즐거움을 위한 것이어야 한다. 르페브르는 노동은 욕구와 즐거움을 연결하는 다리bridge가 될 때,

참된 인간의 모습을 지켜 나갈 수 있다고 주장한다.

마케팅전략연구소에서의 생활은 그렇지 못했다. 일을 잘할 자신은 있었지만, 재미있게 할 자신은 없었다. 나의 노동에 대해 '즐거운가?'라고 물었을 때, 나는 대답할 수 없었다. 생각이 여기에 미쳤을 때, 나는 AE가 되어야겠다고 생각했다. 스피노자는 "자유로운 사람은 죽음보다 삶, 인생에 대해 더 많은 것을 생각하는 사람"이라고 했다. 비록 내일 지구의 종말이 온다 하더라도 나는 오늘 한 그루의 사과나무를 심겠다는 그의 말은 자유에 대한 갈망을 은유하는 경구다. 나는 한 그루의 사과나무를 심는 마음으로 AE가 되고 싶었다. 광고의 스펙터클을 경험하고 싶었다. 광고 회사의 새내기가 감당하기에는 만만치 않은 우여곡절을 겪었지만, 결국 나는 마케터에서 AE로, 연구원에서 사원으로 변신했다. 대홍기획에 입사한 지 만 1년이 조금 지난 때였다.

AE가 되면서 다시 신입 사원이 되었다. 마케팅전략연구소와 기획 팀은 전혀 달랐다. 그리고 기획 팀의 막내가 하는 일은 얕지만 무척 넓었다. 담당 광고주의 광고물과 경쟁사의 광고물을 모니터링하는 일이 출근과 동시에 하는 첫 번째 일이었다. 지금은 인터넷 검색만으로 간단히 찾을 수 있지만, 당시에는 수많은 인쇄 매체를 직접 체크해야 했고, 큐시트를 보며 방송 시간대에 맞춰 녹화를 뜨거나 체크하는 일이 비일비재했다. 인쇄 매체 집행을 위해 필름을 출고하는 일도 큰일이었다. 지금은 광고주와의 커뮤니케이션 채널도 다양하고 데이터 출고로 대체하는 경우가 많지만, 당시에는 시시각각 변하는 광고주의 요구 사항들을 수정하고 필름으로 다시 교정을 받고, 제시간에 출고하는 일도 만만치 않았다. 커뮤니케이션 수단도 전화밖에 없었으므로 기획 팀의 전화기는 언제나 살아 있어야 했다. 기획 팀 막내의 전화기가 꺼져 있거나 소재 파악이 안 된다는 것은 곧 사고를 의미했다. 종종 시급을 다투는 출고 건이 발생하면 출력소에서 매체사로 필름을 가지고 뛰는 일도 AE의 중요한 업무였다. 지금 AE들은 퀵서비스 아저씨들에게 정말 감사해야 한다. 세금 계산서를 발행하는 일도 만만치 않았다. 지금은 전자 세금 계산서가 일반화되어 종이 세금 계산서를 볼 일이 거의 없다. 당시에는 종이 세금 계산서를 AE들이 직접 입력하고 발행했는데, 세금 계산서 발행 컴퓨터가 대홍기획에는 세 대밖에 없었다. 월말이 되면 기획 팀 막내들이 길게 줄을 서서 세금 계산서를 발행하는 진풍경이 연출되곤 했다.

AE가 되어 맡은 첫 브랜드는 롯데건설이었다. 당시 롯데건설의 광고비 규모는 매년 200~300퍼센트씩 성장하고 있었다. IMF 구제 금융 터널을 지나며 얼어붙었던 건설 경기가 회복되던 시기였다. 롯데건설은 강력한 자금력으로 틈새 공략에 성공하며 급성장하고 있었다. 아파트 부문은 '롯데캐슬'과 '낙천대樂天臺', 두 개의 브랜드가 있었고, 주상 복합 브랜드는 '골드로즈'가 있었다. 특히 낙천대는 브랜드 개발 과정과 CI 선정 과정을 처음 지켜본 브랜드여서 애착이 갔다. 컴퓨터 모니터나 우드록 보드에 붙어 있던 낙천대라는 로고가 거대한 아파트 벽면의 한 부분을 차지하며 네온으로 반짝이던 그 순간의 기억은 아직도 생생하다. 당시 내가 하는 일은 회의 내용을 정리하고 복사하는 단순한 일이 대부분이었지만, 그래도 즐거웠다.

롯데건설이 단기간에 건설 시장의 강자로 떠오른 데는 재개발과 주상 복합이 큰 역할을 했다. 재개발 경쟁에서는 2001년 한 해에만 14전 13승하며 승승장구했고, 골드로즈 시리즈는 강남과 강북의 주상 복합 시장을 이끌었다. 롯데캐슬은 프리미엄 아파트 시장을 주도했는데, 서초동 'CASTLE84'의 성공이 촉매제가 되었다. CASTLE84는 84세대 각각의 세대마다 독수리 문장을 기본으로 하는 세대별 문장을 제공했는데 기대 이상의 소비자 반응을 이끌었다. CASTLE84의 문장은 마치 중세 유럽 성주들이 가지고 있던 가문의 문장처럼 세대별로 각각 다른 비주얼로 제작되었다. 이러한 전략은 가족 구성원들에게 연대감과 소속감을 느끼게 해 주었음은 물론, 다른 고급 아파트와 중요한 차별화 포인트가 되었다. CASTLE84의 문장은 칸, 클리오 광고제와 함께 세계 3대 광고제 가운데 하나인 뉴욕 페스티벌 파이널리스트를 수상했다. 골드로즈 시리즈는 당시로서는 획기적인 황금색 건물 외관을 도입하여 랜드마크화하는 힘을 가지고 있었다. 원래 골드로즈는 단발성 브랜드 네임으로 기획되었다. 그러나 주상 복합에 대한 소비자들의 기대 심리가 골드로즈에 투영되면서 시리즈로 진화했고 전국적으로 사용되었다.

바쁜 나날의 연속이었다. 우리 팀은 롯데건설이 관여하는 전국의 모든 재건축과 분양 건에 투입되었다. TV 광고와 브로슈어, 하다못해 낱장 광고로 불리는 '찌라시'를 만드는 일까지 우리의 몫이었다. 팀원들이 서로 무슨 일을 하는지도 모를 정도로 진행되는 일들이 많았다. 나중에, 시간이 한참 지나서야 알았다. 그때 나와 우리 팀이 담당했던 대부분의 일들이 분양 대행사들이 해야 할 일이었다는 사실을.

"모르는 게 약"이란 속담은 당시의 상황을 견디게 해 준 가장 적절한 말이다. 가끔은 내가 하는 일이 무엇인지 모르는 것이 정신 건강에 좋을 때가 있다.

뒤늦은 사춘기

  광고는 대량 생산과 쌍둥이로 태어났다는 말이 있다. 좋은 사회학자를 꿈꾸던 시절보다 제법 광고인 흉내를 내며 광고를 조금씩 알아갈수록, 광고의 이데올로기성에 대한 혐의는 오히려 점점 더 명확해졌다. 광고는 필요 이상의 소비를 위해 기획되었다. 초기 자본가들은 대량 생산된 소비재를 효율적으로 유통시켜 이윤을 남기게 하는 광고를 '사회 보험'이라 불렀다. 광고계의 두 거인 데이비드 오길비와 윌리엄 번벅이 강조하는 광고의 역할론이 그 증거다. 오길비는 광고의 모든 작업은 오로지 'to sell'이라는 명령어에 복무한다고 말한다. 번벅은 광고 크리에이티브의 성공을 가름하는 유일한 기준은 '목표 달성'임을 명심하라고 부추긴다. 정보 조작spin의 아버지로 불리는 에드워드 버네이즈(Edward Bernays, 1891~1995, 기자 출신의 컨설턴트)는 광고의 이데올로기성을 대표하는 인물이다.

버네이즈는 여성의 흡연 촉진이라는 목표를 달성하기 위해 "식후 담배 한 개비가 과식과 비만에 좋다"라거나 "흡연이 입안을 살균한다"라는 허튼소리를 유통시켰다. 또 남성성과 동일시되던 담배를 여성이 피우는 일 자체가 여성 해방인 것처럼 조작했다. 부활절 일요일에 교회와 성당이 늘어선 뉴욕 맨해튼 5번가를 젊은 여성 30명이 담배를 피우며 행진했다. '자유의 횃불 행진'이라고 이름 붙인 이 모습은 미국 전역의 각 신문 1면을 장식하며 큰 논란을 불러일으켰다. 이 행진은 가장 효과적으로 여성의 흡연을 유행시킨 캠페인으로 꼽힌다. 더 재미있는 반전은 한참 뒤인 1964년에 일어났다. 버네이즈는 흡연을 반사회적인 행위로 비난하는 대규모 금연 캠페인을 실시했다. 나에게 광고인의 사회적 책임에 대한 심각한 고민을 불러일으켰던 버네이즈의 사례는 광고인들에게 성공 캠페인 사례로 자주 소개되곤 한다.

물론 광고에 대한 나의 부정적 시각을 일정 부분 교정해 주는 일들도 있었다. 대홍기획과 파트너 관계에 있던 디디비 니들햄DDB Needham의 R.O.I 접근법은 광고가 매우 지적知的인 작업이라는 사실을 알려 주었다. 내가 대홍기획에 입사하던 그해에 돌아가신 강정문 대표와의 만남은 지성을 통한 광고의 사회적 역할이라는 새로운 국면을 열어 주었다. 특히 사회적 흐름의 맥락을 추적해야 한다거나, 문화적 집합성에 대한 이해가 중요하다거나, 소비자 행동을 현상이 아닌 본질이라는 측면에서 통찰을 끄집어내려는 노력이 광고에서 얼마나 중요한 부분인지를 역설한 대목은 큰 위안이 되었다. 나는 사회학적 유전자와 궤를 같이하는 광고의 또 다른 측면들을 발견해 나가는 일에 상당한 매력을 느끼고 있었다. 어쩌면 좋은 광고인이 될 수도 있을 것 같다는 생각을 처음으로 가진 때였다.

광고에 대한 기존의 선입견과 새로운 가능성에 대한 이런 아슬아슬한 줄타기는 나의 내면을 더욱 복잡하게 만들었다. 마치 오리와 토끼가 둘 다 들어있는 비트겐슈타인(Ludwig Wittgenstein, 1889~1951, 오스

오리지널 오리-토끼 그림

트리아 태생의 영국 철학자)의 오리-토끼 그림과 비슷했다. 광고에 대한 선입견이 오리를 찾으면 오리가 보였고, 토끼를 찾으면 토끼가 나타났다. 광고에 대한 서로 다른 두 가지 생각으로 나는 때 아닌 전쟁을 치렀다.

광고에 대한 내 안의 작은 이데올로기 전쟁을 수습할 겨를도 없이 새로운 프로젝트가 시작되었다. 반포 주공 3단지의 재건축 수주전이었다. 2001년 11월 중순경이었고, 총 사업비만 2조가 넘는 대규모 재건축이었다. 이 프로젝트는 '반포 대전'이라 불릴 만큼 전국적인

주목을 받았고, 그만큼 우리 팀에는 부담스러운 프로젝트였다. 롯데건설과 LG건설(지금의 GS건설)이 최종 시공업체 선정 경쟁에서 맞붙었다. LG건설은 반포 2단지 수주 실패를 만회하기 위해, 롯데건설은 재건축 명가로서의 입지를 굳히기 위해 서로 물러설 수 없는 일전이었다. 엄청난 수의 상주 직원이 파견되었다. 모두 자기 회사의 조건이 더 좋은 이유를 알리느라 혈안이 되어 있었다. 가가호호 방문은 물론, 지방에 살고 있는 조합원들을 찾아 전국 방방곡곡을 누비고 다녔다.

홍보전은 말 그대로 전쟁이었다. 반포 주공 3단지는 두 회사의 홍보물로 도배되었다. 플래카드와 깃발, 벽보, 브로슈어, 전단지는 매일같이 교체되었다. A사의 주장을 반박하는 B사의 주장이 나오면, 반나절 만에 B사의 주장보다 유리한 조건을 제시하는 A사의 홍보물이 단지 전체를 뒤덮었다. 홍보전이 뜨거워지면서 용적률이나 이사 비용 지원 등의 조건은 이미 실현 불가능한 것이 되어 가고 있었다. 치열한 전쟁 같은 상황에서 계산기를 두드릴 여유가 없었다. 고급 호텔에서 초호화 사업 설명회가 열리고, 조합원들의 환심을 사기 위한 선물과 상품권도 등장했다. 일주일 남짓한 홍보 기간 동안 엄청난 홍보비가 투입되었다. 경쟁 관계의 건설 회사 대표 이사가 세대를 직접 돌며 무릎을 꿇고 읍소했다는 소문까지 돌았다.

총력전을 벌인 반포 주공 3단지 재건축 수주전이 끝났을 때, 마음은 의외로 평온했다. 자본은 돈이 되는 곳이라면 지옥에라도 간다는 마르크스의 일갈을 눈앞에서 지켜봤지만, 분노가 치받지는 않았다. 오히려 조합의 전체 이익과 무관하게 개인의 사적 이익에만 집착하는 조합원들의 모습에 헛웃음만 나왔다. 나에게 반포 주공 3단지 재건축 수주전은 토스카니(Oliviero Toscani, 1942~ , 베네통의 광고 사진을 전담하고 있는 이탈리아의 사진작가)의 지적처럼, 우리는 공산주의자가 될 수 있을 만큼 충분히 진화하지 못했다는 사실을 겸허히 받아들일 수밖에 없는 하나의 사건으로 기억될 뿐이다.

내 마음에 상처로 남은 것은 따로 있었다. 홍보에 총력전을 펼친 선배들이었다. 그들의 눈빛에서 나는 광기狂氣를 보았다. 프로젝트를 위해 불 속으로 뛰어드는 불나방 같았다. 반포 주공 3단지 재건축 수주전이라는 목표 외엔 아무런 의식도 갖고 있지 않은 것처럼 행동했다. 수주전이 끝나면 곧 존재가 사라질 사람들처럼 보였다. 내가 봤던 광기는 몰입의 즐거움이라기보다는 종속의 반작용에 가까웠다. 그 모습이 슬펐다.

천외유천天外有天이란 말이 있다. 하늘 밖에 또 하늘이 있다는 뜻이다. 자만하지 말라는 의미도 있지만, 종속되지 말라는 뜻도 있다. 사람들은 저마다 현재 자신의 세계에 힘겨워한다. 수능 시험을 망친 수험생, 후배에게 밀린 직장인, 여자 친구와 이별한 남자, 프로젝트에 실패한 회사원들이 그토록 좌절하는 이유는 하늘이 무너졌다고 생각하기 때문이다. 현재의 하늘 밖에 무수히 많은 또 다른 하늘이 있다는 것을 자주 잊기 때문이다. 현재의 하늘에 종속되지 않으려면 한 차원 높은 의식의 지향이 필요하다. 세상은 원래 그런 것이라고 인정하는 순간, 외부로부터의 힘에 이리저리 끌려다니게 되는 것이다. 지금 내가 살고 있는 세계는 세계 속의 작은 세계에 불과하다. 그 세계가 유일한 세계라고 믿는 순간, 나는 종속되고 만다.

내 안의 작은 이데올로기 전쟁과 세상 너머 세상에 대한 생각은 겨울 독감과 함께 나를 괴롭혔다. 나이 서른에 찾아온 뒤늦은 사춘기는 꽃가루가 날리던 다음 해 봄까지 이어졌다.

주관적 이익과 실제적 이익

2002년의 시작과 함께 나의 삶은 이전과 전혀 다른 곳으로 흘러갔다. 모든 것이 2002 한일 월드컵으로부터 시작되었다.

대홍기획에 TFT(Task Force Team)가 꾸려졌다. 2002 한일 월드컵의 공식 후원사인 아디다스가 대홍기획의 광고주였다. 스포츠 마케팅으로 큰소리치며 입사한 나는 자연스럽게 TFT에 합류했다. 2002 한일 월드컵을 단순히 관망하는 것이 아니라 적극적인 참여자가 될 수 있다는 사실에 가슴이 벅차오를 지경이었다. 나에게 2002 한일 월드컵은 4년에 한 번 개최되는 단순한 스포츠 이벤트가 아니라 하나의 역사적 사건이었다.

나는 석사 학위 논문 《현대 사회의 스포츠 상품화: 90년 한국 사회를 중심으로》에서 이렇게 주장했다. 근대 사회의 스포츠는 이상적인 육체를 실현하는 것이 목표였다. "건강한 몸에 건강한 정신이 깃든다"라는 근대 올림픽의 창시자 쿠베르탱(Pierre de Coubertin, 1863~1937)의 명언은 근대 스포츠의 이상을 압축적으로 표현하는 말이다. 이처럼 근대 스포츠는 육체적 문화 영역에 발을 딛고 있었다. 그러나 현대 사회의 스포츠는 경제적 이데올로기에 포섭되어 스포츠 소비의 극대화가 중요한 목표가 되었다. 자본주의의 다른 상품들과 마찬가지로 현대 사회의 스포츠는 상징적 문화 영역의 세계에 편입되었다. 스포츠의 상징화는 상품의 물리적 경계를 허무는 충분조건이기 때문이다. 소비의 확대는 시장의 확장에 비례한다. 따라서 스포츠의 글로벌화globalization는 스포츠 소비를 극대화하는 필요충분조건이 되는 것이다. 이런 일련의 과정에서 스포츠의 자율성은 축소되고, 기록과 성취를 지상 과제로 삼는 비인간화의 가치가 스포츠를 지배하게 되었다. 그리고 이러한 경향성은 '미디어-스포츠-자본 생산 복합Media-Sports-Capital Production Complex'이라는 카르텔에 의해 더욱 견고하게 구축되고 확대되었다. 지금까지 한국 사회의 스포츠는 미디어-스포츠-자본 생산 복합이라는 글로벌 스탠더드로부터 일정한 거리를 유지하고 있었지만, 2002 한일 월드컵은 중요한 터닝 포인트turning point가 될 것이라는 것이 논문의 주요 논점이었다.

이런 의미에서 나에게 2002 한일 월드컵은 한국 사회 스포츠 상품화의 일대 사건이었다. 스포츠가 하나의 문화 자본으로 형성되어 가는 과정과 스포츠 소비의 새로운 패러다임이라는 질적 변화를 아디다스 TFT를 통해 현장에서 생생하게 지켜볼 수 있다는 기대는 나를 더욱 열정적으로 변화시켰다.

하지만 나의 기대는 오래가지 못했다. 아디다스가 2002 한일 월드컵 마케팅을 직접 수행하겠다고 공식적으로 발표했기 때문이다. TFT는 해체되었고, 나는 다시 일상으로 돌아왔다. 그러나 그 충격은 쉽게 사라지지 않았다. 일이 손에 잡히질 않았다. 2002 한일 월드컵을 관망자로 지켜볼 것인지, 참여자로 경험할 것인지에 대해 나는 계속해서 물었다. 만약 내가 처음부터 지독하게 광고를 원했던 사람이라면, 2002 한일 월드컵은 아무런 변수가 되지 못했을 것이다. 그러나 나에게 2002 한일 월드컵은 스포츠를 사회학적으로 조망하고자 했던, 잊혔던 욕망을 다시 일깨워 준 구체적인 사건이었다.

‘주관적 이익’과 ‘실제적 이익’이란 것이 있다. 담배는 몸에 해롭다. 그래서 담배를 끊는 사람은 실제적 이익에 민감한 사람이다. 그럼에도 불구하고 담배를 피우는 사람은 심리적 안정과 같은 다른 주관적 이익이 더 중요하다고 생각하는 사람이다. 실제적 이익은 대홍기획에서 계속 AE로 일하라고 말했지만 나의 내면은 주관적 이익에 대한 거부할 수 없는 이유들을 만들어 내고 있었다. 마르크스는 이익에 대한 개개인의 판단은 이해 관심interest의 강도와 관련이 있다고 봤다. 판단 주체의 욕망이 어디를 향하고 있느냐가 중요하다는 것이다. 물론 나를 지배했던 당시의 주된 욕망은 스포츠였다.

욕망을 따른다는 것은 대홍기획과의 결별을 의미했다. 광고에 대해 아무것도 모르던 내가 어느 정도 광고인 흉내를 낼 정도로 성장시켜 준 대홍기획을 떠난다는 건 두려운 일이었다. 그럼에도 불구하고 나는 2002 한일 월드컵의 참여자가 되기로 결심했다. 이유는 간단했다. 2002 한일 월드컵을 관망자로 보낸다면, 나는 틀림없이 가지 않았던 길에 대해 두고두고 후회할 게 뻔했기 때문이다.

실제적 이익은 사회적으로 학습된 사회적인 것일 가능성이 높은 반면, 주관적 이익은 개인적 경험이나 생각이 중요한 기준이 된다. 한 가지 확실한 사실은 두 가지 이익이 서로 다른 층위의 문제라는 점에서 무엇을 선택하든 가지 않은 길에 대한 아쉬움은 남을 수밖에 없다. 결국 중요한 것은 실천하고자 하는 의지다.

2002년 3월, 나는 다시 마케터가 되었다. 금강기획 스포츠 마케팅 팀의 스포츠 마케터였다. 금강기획은 2002 한일 월드컵의 공식 스폰서인 현대자동차의 월드컵 마케팅과 몇몇 월드컵 개최 도시들의 월드컵 마케팅을 주관하고 있었다.

나는 수원의 월드컵 마케팅을 총괄하는 수원 월드컵 마케팅 팀장이 되었다. 나의 역할은 크게 두 가지였다. 하나는 월드빌리지World Village라는 행사장을 조성하고 운영 및 관리하는 일이었다. 수원 월드빌리지는 월드컵 기간 동안 다양한 문화 예술 행사들을 시민들에게 제공하는 공간이었고, 월드컵 전 경기를 대형 스크린으로 보며 시민들과 함께 즐기고 응원하는 공간이었다. 다른 하나는 월드컵 조직 위원회와 수원시의 업무를 조율하고 실행하는 일이었다. 월드컵

개막 직전 프랑스와의 평가전과, 월드컵 본선 경기와 관련한 경기 진행 및 월드컵 경기장 주변의 문화 행사를 준비하고 실행하는 것이 주된 업무였다.

2002 한일 월드컵을 스포츠 마케터로 보낸 한 철은 내 인생에 많은 영향을 주었다. 대리 1년 차에 100명이 넘는 스태프를 이끌고 6개월여의 대규모 프로젝트를 기획하고 실행할 수 있었던 것은 엄청난 기회이자 경험이었다. 월드컵 조직 위원회, 대한축구협회, 경기도, 수원시의 많은 사람들을 만났고, 전혀 관심 없던 새로운 영역인 BTL(below the line) 세상을 보았다. 직접적인 월드컵 업무 외에 남다른 월드컵을 경험할 수 있었던 건 보너스였다. 월드컵 관계자들에게만 나오는 프리패스 카드로 웬만한 경기는 모두 관람했다. 월드컵 준비에서 실행까지 구체적인 프로세스를 근거리에서 지켜볼 수 있었다. 월드컵 4강 신화의 열기를 현장에서 고스란히 나의 감각으로 경험할 수 있었던 것은 두고두고 큰 자랑거리였다.

무엇보다도 수원 월드컵 마케팅을 진행하며 얻은 가장 큰 행운은 아내를 만난 일이다. 당시 아내는 고 심재덕(1939~2009, 전 국회 의원) 수원시장의 비서였고, 나는 월드컵과 관련한 시장 보고가 일상적으로 잦았다. 주관적 이익으로 선택한 스포츠 마케터로의 변신은 가장 실제적인 이익을 얻는 계기가 되었다.

수원에서 벌어졌던 프랑스와의 평가전을 시작으로 대표 팀의 경기력이 급상승하기 시작했다. 폴란드와의 예선 첫 경기를 승리하며 승승장구하던 대표 팀은 급기야 월드컵 4강이라는 전대미문의 성과를 거뒀다. 대표 팀의 선전으로 해거름의 거리가 붉은 물결로 가득 메워졌고, 미선이·효순이 사건으로 밤의 거리는 촛불로 가득 메워졌다. 이런저런 이유로 2002년 여름은 뜨거웠다.

나의 삶은 흐른다

금강기획의 스포츠 마케팅 팀은 월드컵 종료와 함께 혼돈에 빠졌다. 스포츠 마케팅이라는 비즈니스 영역 자체가 유통 기한이 지난 우유 같았다. 나는 우유를 마실지 버릴지를 판단해야 했고, 결국 다시 광고를 선택했다. 노무현(1946~2009, 전 대통령) 대통령 후보가 선거 운동을 펼치기 시작할 무렵, 나는 다시 AE가 되었다.

그 시절, 나는 대학 때 읽었던 벽초(홍명희, 1888~1968, 북한의 소설가이자 정치가)의 『임꺽정』이 생각났다. 정확히는 임꺽정을 관아에 넘긴 '서림'이 떠올랐다. 서림은 임꺽정을 도와 청석골을 유지하는 데 혁혁한 공을 세웠지만 청석골의 몰락을 가져온 인물이기도 하다. 서림의 변절은 지식인의 이중성과 나약함의 상징으로 흔히 인용된다. 지식인은 변신의 가능성과 자산을 가진 사람들이다. 다른 대안이 없는 사람들의 우직함과 강인함을 갖기에는 유혹에 노출되기 쉬운 사람들이다. 스포츠 마케팅 팀에 있던 많은 동료들이 스포츠 관련 업종으로 이직했지만, 나는 금강기획에 남았다. 결과적으로 나는 광고 회사에서 광고의 경험을 가진, 변절의 가능성과 자산을 가진 사람이었다.

나는 금강기획 기획 7팀으로 발령이 났다. 대개 광고 회사 기획 팀은 시니어급 한 명과 주니어급 한 명이 셀을 이루고, 두 셀 정도가 한 팀을 이루는 것이 일반적이다. 기획 7팀은 부장인 팀장과 나와 같은 연차의 대리가 전부였다.

대리는 타고난 이야기꾼이었다. 연차에 비해 기획서도 잘 쓰고 괜찮은 제작 아이디어도 곧잘 제시하는 능력 많은 친구였다. 팀장은 AE의 전형을 보여 주는 사람이었다. '솔직함'이 AE의 가장 중요한 덕목임을 일깨워 준 것은 아직까지도 나의 가장 큰 자산이다. 두 사람은 뛰어난 능력만큼 훌륭한 성품을 갖춘 사람들이었다. 여기저기 기웃거리느라 연차에 맞는 AE의 능력을 제대로 갖추지 못한 나에게 많은 것을 가르쳐 주고, 배려해 주었다. 여유를 알았지만 질서가 있었고, 조직인이었지만 인간적이었다. 좋은 사람은 AP 팀에도 있었다. 나는 아직까지 그렇게 빨리 그렇게 설득적으로 정확하게 전략을 만들어 내는 사람을 만나지 못했다. 그가 쓰는 브리프와 기획서는 나에게 둘도 없는 교과서였고 참고서였다.

회사 생활에서 의미를 찾는 사람들은 세 가지 부류가 있다고 한다. 정말 하고 싶은 일을 하고 있는 사람, 만족할 만한 연봉을 받고 있는 사람 그리고 함께 일하는 이들과의 만족도가 높은 사람이 바로 그런 부류다. 이 중 한 가지라도 충족된다면, 그는 행복한 사람이다. 이런 말들이 생겨나는 이유는 회사를 다니면서 세 가지 부류에 속하는 사람이 그만큼 드물다는 말일 것이다. 회사 생활에 만족감을 주는 세 가지 가운데 하나만 꼽으라면, 나는 단연 사람이다. 일이 힘든 것은 어떻게든 해결할 방법을 찾을 수 있지만, 사람이 힘든 것은 정말 답이 없다. 그래서 좋은 사람들과 함께 일할 수 있다는 것은 큰 축복이다. 세 사람과의 첫 만남 이후 10년이 넘는 시간이 흘렀다. 지금도 우리는 함께 있다. 단순한 인간적 끌림이 아니라, 우리가 하는 일, 광고를 중심으로 우리의 관계가 만들어졌기 때문이라고 생각한다. 우리의 관계가 시작된 첫 번째 일은 하나로통신(하나로텔레콤을 거쳐 지금은 SK브로드밴드)의 경쟁 PT였다.

당시 하나로통신은 총체적인 위기에 빠져 있었다. KT 매가패스와의 치킨 게임에서 완벽하게 밀리고 있었다. 2001년 6월, 유승준을 모델로 내세운 하나패스 브랜드 론칭 '따라올 테면 따라와 봐' 캠페인은 시장에서 바람을 일으켰지만, 신발매新發賣 효과에 그치고 말았다. 초고속 인터넷 브랜드 선호도와 광고 최초 상기율 지표에서 하나로통신은 한 자릿수에 머무르고 있었다. 반면 매가패스는 50퍼센트를 상회하는 소비자 인식을 점유하고 있었다. 도대체 어쩌다 이 지경까지 되었을까? 하나로통신 경쟁 PT는 이 화두로부터 시작되었다.

두 브랜드의 광고 히스토리를 검토하던 우리는 한 가지 중요한 시사점을 발견했다. 하나로통신 광고가 줄곧 매가패스 광고를 따라 하고 있다는 사실이었다. 매가패스가 타깃에 중점을 둔 '매가매니아'를 들고 나오면, '한다하는 친구들은 하나포스'라는 광고를 만들었다. 매가패스가 속도를 무기로 '한 수위 VDSL'을 광고하면, 곧바로 '미친 속도가 왔다. 하나포스V'를 만드는 식이었다. 우리가 볼 때 이런 식의 전개는 하나포스가 광고를 하면 할수록 매가패스가 가지고 있는 초고속 인터넷 카테고리의 대표성을 강화시켜 주는 악순환이 반복될 수밖에 없었다.

오래전에 무하마드 알리(Muhammad Ali, 1942~ , 전 복싱 세계 챔피언)

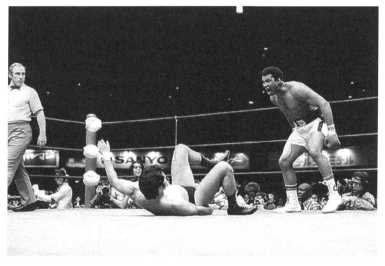

이종 격투기의 초석이 된 세기의 대결. 1976년 6월 26일 일본 무도관에서 열렸다. 1만 4500석 전 좌석이 매진되었고, 34개국 14억 명이 생중계로 관람했다.

와 안토니오 이노키(Antonio Inoki, 1943~ , 전 레슬링 선수)의 대결이 있었다. 레슬러인 이노키는 경기 대부분을 바닥에 누워 알리의 다리를 공격했지만, 복서인 알리는 제대로 된 펀치를 한 번도 휘두르지 못했다. 결과는 무승부로 판정 났지만, 알리의 허벅지는 시퍼렇게 멍들어 있었다. 레슬링과 복싱의 규칙을 유지해서는 복서가 레슬러를 이길 수 없는 게임이었다. 알리가 그 경기에서 승리하려면 새로운 게임의 룰Rule이 필요했다. 당시의 하나포스도 그랬다. 기존의 방식과 다른 새로운 싸움의 방식이 필요했다.

다음으로 우리는 소비자를 살폈다. 인터넷 사용자들은 초고속 인터넷 브랜드에 별 관심이 없었다. 소비자의 관심은 인터넷 사용 자체이지, 구체적인 시스템이 아니었다. '속도'와 '안정성'이라는 개념을 구분하지 못하는 데다, 혼재해서 사용하고 있었다. 그것은 대부분의 소비자들이 초고속 인터넷에 어느 정도 만족하고 있다는 방증이었다. 당시 초고속 인터넷 시장은 기술적 속성이나 전문성이 중요한 단계를 넘어 소비자와의 관계 맺기가 중요한 시장으로 옮아가고 있었던 것이다. 광고의 답은 언제나 소비자에게 있다. 그 시절 하나포스에 필요한 것은 더 좋은 초고속 인터넷이 아니라 소비자들을 더 많이 이해하는 초고속 인터넷 브랜드가 되는 일이었다.

우리가 주목한 것은 인터넷상에 유행하던 '댓글 빨리 달기' 경쟁이었다. 당시 인터넷 사용자들은 '개벽이'나 '개죽이' 같은 재미있는 콘텐츠들에 빨리 댓글을 다는 일에 만족감을 느끼고 있었다. 마치

개봉 영화를 먼저 보고 스포일러spoiler가 되는 것이 문화 권력을 행사하는 듯한 착각을 불러일으키는 것과 유사한 쾌감을 느끼고 있었다. 우리는 댓글 빨리 달기라는 새로운 현상 이면의 본질을 '업로드 upload'라는 인터넷의 새로운 문화에서 찾았다. 이전까지 인터넷의 용도는 지식이나 정보, 즐거움을 찾는 것이었다. 타인이 움직이는 세상을 익명으로 엿보는 다운로드download가 인터넷의 주된 문화였다. 그런 인터넷이 업로드라는 전혀 다른 국면으로 진화하기 시작한 것이다. 타인의 생활을 엿보는 것이 아니라 나의 생활을 보여 주기 시작한 것이다.

인터넷의 업로드 문화는 중요한 패러다임의 전환을 의미했다. 그리고 우리는 새로운 패러다임의 핵심 가치core value를 선점하고 싶었다. 인사이트 투어링을 통해 우리는 한 가지 사실을 더 발견했는데, 사람들이 업로드를 통해 자신의 존재를 확인하고 싶어 한다는 것이었다. 싸이월드의 방문자 수를 경쟁하고, 디시인사이드 리플 수에 희비가 엇갈렸다. 자랑하고 싶고, 주목받고 싶고, 관심받고 싶은 심리가 업로드라는 새로운 인터넷 문화의 가장 큰 동인이었다. 그리고 이런 심리의 저변에는 '뜨고 싶다'는 욕망이 똬리를 틀고 있었다.

우리가 할 일은 명확했다. 뜨고 싶다는 본원적 욕망, 바로 옆에 우리의 브랜드인 하나포스를 두고 기억하게 하면 되는 일이었다. '떴다V, 하나포스V'를 캠페인 테마로 잡았다. 그리고 뜨고 싶다는 인터넷 사용자의 본원적 욕망을 가장 잘 표현해 줄 수 있는 모델로 김

풍과 박한별을 내세웠다. 김풍은 인터넷 만화 『폐인 가족』으로 유명세를 치르고 있었고, 박한별은 1세대 인터넷 얼짱으로 매스컴에 소개될 정도로 인기를 누리고 있었다. 그리고 그들의 입으로 말하게 했다. "나의 삶은 하나포스를 타고 흐른다"라고.

하나로통신 광고, 〈박한별 편〉, 〈김풍 편〉

다시 AE가 된 뒤, 첫 경쟁 PT에서 이겼다. 웰컴이나 TBWA 같은 쟁쟁한 광고 회사들과의 힘든 경쟁에서 승리한 것이라 좋았다. 시기적으로도 금강기획에 아주 중요한 경쟁 PT에서 승리한 것이라 더 좋았다. 2003년은 금강기획이 현대그룹과 계열 분리되고 5년이 지난 해였다. 현대그룹의 모든 물량이 빠지고 완전한 홀로서기를 시작하는 첫해였다. 회사의 모든 관심이 하나로통신 경쟁 PT에 집중된 것은 당연한 일이었다. 하나로통신 경쟁 PT의 승리는 새로운 광고 인생의 출발점이 되어 주었다.

내 인생에서 한 번도 그려 보지 않았던 광고라는 낯선 세계로 빨려 들어온 지난 4년의 시간은 그야말로 스펙터클한 시간이었다. 그동안 회사를 한 번, 보직을 네 번 바꿨다. 대홍기획 마케팅전략연구소의 연구원과 AE, 금강기획 스포츠 마케팅 팀의 스포츠 미케터를 거쳐 나는 다시 AE가 되었다.

네 번의 명함이 바뀌는 변화가 있었지만, 매 순간 집중하지 않은 시절은 없었다. 과거는 기억 속에 사라질 수 있지만, 그 순간에도 나의 삶은 흐르고 있다는 가장 중요한 명제는 부정될 수 없는 엄중한 사실이기 때문이다.

최선을 다해 현재를 사는 것, 지금 이 순간이 중요하다. 삶은 흐른다.

아이리버와 보낸 2년

"나는 듣고 잊는다. 나는 보고 기억한다. 나는 행하고 이해한다."

고대 중국에서 전해져 내려오는 오래된 격언으로, 이론의 한계와 실천의 중요성을 일깨워 주는 말이다. 몸은 답을 알고 있다는, 다분히 유물론적인 인식에 기대고 있는 명제다. 가끔 우리는 머리가 아닌 몸을 움직이다 보면 어느새 문제를 풀고 있는 자신을 발견하게 될 때가 있다.

〈생활의 달인〉이라는 프로그램에 나오는 수많은 달인들의 놀라운 재능이 그 증거다. 초밥의 밥알 개수를 맞히고, 만두소의 그램 수까지 정확히 읽는다. 달인의 이런 '손 지식'은 오로지 몸으로 직접 해 보기 전에는 습득할 재간이 없다. 오직 몸만이 어떻게 답해야 하는지를 알고 있다. 생활의 달인만 그런 것이 아니다. 피아니스트들은 손가락의 근육이 음표와 소나타를 기억한다고 한다. 축구 선수들은 온몸의 근육으로 공의 방향과 수비수의 움직임을 생각힌다고 한다. 사고하고 창조하기 위해 몸의 움직임과 긴장, 촉감 등을 떠올릴 때 비로소 몸의 상상력이 작동하는 것이다. 앎은 오직 실천을 통해 완성되는 것이다.

금강기획은 글로벌 광고 회사 WPP그룹의 오길비앤마더Ogilvy&Mother 가 새 주인이 되면서 금강오길비Diamond Ogilvy로 이름을 바꿨다. 많은 사람들이 이런 변화를 부담스러워했지만, 오히려 나는 좋았다. 금강기획 시절에는 경험하지 못한 교육 프로그램을 통해 광고의 새로운 세계를 접할 수 있었기 때문이다. 오길비앤마더는 역사와 규모를 증명하듯 전 세계 오피스를 대상으로 하는 엄청난 교육 자료와 월드와이드의 광고 사례들을 체계적으로 보유하고 있었다. 오길비앤마더의 자료들은 나의 가슴과 머리를 지적 희열로 채워 주었다. 특히 브랜드의 가치를 평가하는 사람들에게 최고로 평가받는 광고 회사가 되는 것을 목표로 하는 오길비앤마더의 광고 접근법인 '버터플라이 이론'은 광고에 대한 나의 지적 욕망을 자극하기에 충분했다.

광고에 대한 나의 열정은 뒤늦게 불붙기 시작했다. 광고는 거대한 지적 담론을 필요로 하는 작업이며, 구조화된 사고 체계를 요구하는 일이라는 것을 보여 준 오길비앤마더의 세계는 나에게 구원이었다. 나의 사회학적 배경이 광고의 중요한 자원이 될 수 있다는 확신을 심어 주었기 때문이다. 그러나 안다는 것은 언제나 수동적이다. 안다는 것은 행동으로 옮길 때 완성된다. 오길비앤마더의 지적 세례에 흠뻑 빠져 있던 무렵 아이리버iriver를 만났다. 새로운 광고 지식을 온전히 실험할 수 있었던 아이리버와 함께한 2년은 지금까지 광고인의 삶을 살고 있는 내 인생의 중요한 전환점이 되었다.

금강기획이 CCG그룹에서 다시 WPP그룹으로 편입되던 어수선한 시기에 나는 새로운 팀으로 발령이 났다. 새 팀의 팀장은 공석이어서, 혼자 아이리버를 담당하게 되었다. 2년 차 대리가 감당하기에는 만만치 않은 광고주였다. 당시 아이리버는 픽셀 아트Pixel Art라는 새로운 광고 기법으로 소비자는 물론 광고업계에도 잔잔한 파장을 일으키고 있었다. 모델을 활용한 실사 위주의 광고물들이 대부분을 차지하던 시기에 픽셀 아트는 사람들의 눈을 잡기에 충분했다. 그리고 지금이야 MP3로 음악을 듣는 것이 일상이 되었지만, 음악의 디지털화를 '음악을 테이크 아웃take out한다'고 재해석한 슬로건은 새로운 패러다임을 보여 주는 강한 메시지로 전달되었다. 영화에서 1편보다 나은 2편이 드물듯, 광고에서 성공 캠페인을 잇는 성공 캠페인을 만들기란 쉽지 않은 법이다.

아이리버의 대행은 걱정보다는 즐거운 일이 되었다. 아이리버는 젊고 열린 조직이었다. 연차와 능숙함보다는 열정과 신선함을 대접해 주었다. 이는 아이리버가 처한 시장 상황과 관련되어 있는 듯했다. 아이리버는 국내에서는 삼성, LG 같은 대기업들과 경쟁하고 있었고, 해외에서는 애플과 맞서고 있었다. 골리앗과 싸우는 다윗에게

민첩함이 생존 전략이었다면, 거인 기업과 싸우는 아이리버의 생존 전략은 '혁신'이었다. 한두 달 사이에 혁신성을 남은 신제품을 시장에 내놓아야 하는 것은 아이리버의 숙명이었다. 광고 또한 제품 개발 단계부터 함께 시작되었다. 제품 출시와 동시에 광고를 집행해야 하는 시간과의 싸움이었다. 대부분의 광고들이 현재의 문제를 해결하기 위해 만들어진다면, 아이리버의 광고는 미래의 기대를 만드는 싸움이었다.

내가 만든 아이리버의 첫 광고는 전자사전의 새로운 모델을 제시한 '딕플Dicple'이었다. 딕플은 'Dictionary Player'의 준말로 사전과 MP3 플레이어가 함께 있는 개인용 전자 기기였다. 단순히 사전을 전자 기기에 담은 당시의 전자사전과는 선을 긋는 혁신적인 제품이었다. 당시 신인이었던 김태희의 풋풋함이 그대로 묻어나는 광고였다. 딕플을 시작으로 PMP의 원조라고 할 수 있는 'PMP100', MP3의 확장과 PMP의 콤팩트화라는 새로운 시도로 평가받는 'iFP900'과 'iMP1100', 데뷔도 하지 않았던 아이비를 모델로 MP3 플레이어의 패션화를 선도한 목걸이형 MP3인 'N10' 그리고 N10을 스왈로브스키로 장식한 'N11', 스타일로 타깃을 세분화하여 시장을 나눈 메트로 룩Metro Look 스타일의 'T20'과 캠퍼스 룩Campus Look 스타일의 'T30', 멀티미디어 기능을 혁신적인 디자인에 담은 'U10', 휴대가 용이한 최초의 포터블 TV인 'POCKET TV'까지. 아이리버와 보낸 2년간 수많은 광고들이 쉴 새 없이 제작되었다. 덕분에 아이리버는 오길비앤마더의 지식을 몸으로 체험하는 좋은 실천의 장이 되어 주었다.

아이리버 딕플 Dictionary Player 광고

  그중에서도 U10의 광고는 특별하다. U10은 아이리버가 김영세 (1950~ , 제품 디자이너)의 이노디자인과 결별하고, 그 대안으로 만든 아이디어 그룹인 '얼리어답터'가 처음 개발한 제품이다. 당시로서는 상식적으로 상상하기 힘들 만큼 혁신적이었다. 대부분의 MP3 플레이어 제품은 UI(user interface) 면과 컨트롤러가 분리되어 있었는데, U10은 일체형으로 제작되었다. 이런 디자인은 U10의 구동 방식과 관련이 있다. 대부분의 경쟁사 제품들은 '버튼식'으로 구동되고 있었다. 애플의 아이팟이 '스크롤 방식'을 도입하면서 신선한 자극을 주었는데, U10은 UI 윈도우 면 아래에 버튼을 두어 클릭하는 '다이렉트 방식'을 채택했다. 다이렉트 방식은 제품 사이즈를 줄이고, 디스플레이 화면을 늘리는 혁신성을 지니고 있었다. 제품 대부분을 UI 면으로 채운 U10의 또 다른 장점은 UI 디스플레이의 변화에 따라 전혀 다른 느낌의 제품으로 U10을 인식하게 할 수 있다는 점이었다.

소비자의 개성을 표현하는 UI 이미지를 마음대로 선택할 수 있었고, 세상에 하나밖에 없는 U10을 만들 수 있었다.

U10의 이런 혁신성만큼 광고에 대한 아이리버의 기대는 컸고, 그 기대는 경쟁 PT로 이어졌다. 당시 잘나가던 광고 회사 웰컴이 경쟁 파트너였다. 결국 PT의 관건은 U10의 혁신성을 어떻게 극대화하느냐의 문제였다. U10이라는 제품을 바라보는 관점에서 승부가 결정되는 게임이었다. U10은 MP3 플레이어라는 기존 카테고리로 규정하기에는 부족해 보였고, 더 큰 어떤 것으로 만들기에는 기준이 없었다. 한 가지 확실한 사실은 지금보다 이런 것이 더 좋다very good고 이야기하는 순간, U10은 현재 시장의 규칙을 따르는 또 하나의 MP3 플레이어가 될 수밖에 없다는 것이었다. 우리는 U10이 MP3 플레이어가 아니라 하나의 사건처럼 소비자들에게 인식되길 바랐다.

우리의 전략은 아이리버의 기대를 만족시켰고, 경쟁 PT를 성공으로 이끌었다. U10의 새로운 캠페인을 제안한 프레젠테이션은 하나의 시놉을 설명하는 것으로부터 시작되었다.

이야기의 시작은 이렇다.

2005년 어느 봄날 김태희가 아이리버 사무실을 찾아왔다. 문을 박차고 들어온 태희는 폭포수처럼 말을 쏟아 내기 시작했다.

"맨날 그렇고 그런 MP3P 말고 뭐 획기적인 거 없어요? 세상을 깜짝 놀라게 할 그런 거……."

우리는 계획 중인 신제품들을 보여 주었지만 김태희는 고개를 저었다.

"헤드라이트만 바꿔 놓고 신차라고 하는 것과 뭐가 달라요?"

처음부터 다시 시작하기로 했다.

"그래 원하는 게 뭐요?"

그녀는 마치 준비해 둔 것처럼 하나씩 쏟아 놓기 시작했다. 처음엔 말도 안 되는 소리로 들렸지만, 꼬리에 꼬리를 무는 요구가 이어질 수록 오히려 한번 도전해 보고 싶은 욕구가 생겼다.

"그래, 이것은 신제품이 아니라 발명이다!"

U10 캠페인은 하나의 시놉시스synopsis에서 출발했다. 신제품이 아니라 발명을 하라는 김태희의 요구에 따라 아이리버 연구원들이 세상에 없던 전혀 새로운 제품을 개발한다는 내러티브narrative를 가지고 우리는 론칭 편을 만들었다. 그리고 김태희의 욕망으로 탄생한 U10이 지금까지의 MP3 플레이어가 채워 주지 못했던 욕망을 채워 준다는 형식의 시리즈 광고 세 편을 추가로 제작했다. 당시로선 생소했던 타이포그래피typography 기법을 적극 활용했다. 실사와 그래픽을 결합한 독특한 구성과 다소 생소했던 타이포그래피 기법이 결합하면서 U10만큼 혁신적인 광고가 완성되었다. U10 광고는 그해 대한민국 광고대상에서 우수상을 차지했다.

아이리버를 담당했던 2년여의 시간은 내 광고 인생에서 가장 특별했다. 오길비앤마더의 광고 이론과 기법을 실무에 적용함으로써 한

아이리버 U10 광고. 〈론칭 편〉과 세가지 〈미션 편〉들

계와 성과를 동시에 경험할 수 있었다. 광고인으로 한 단계 성장하는 시간이었음에 분명했다. 사과의 맛은 혀에서 전달되는 감각 못지 않게 눈과 코, 손으로도 맛볼 수 있다는 사실을 일깨워 준 소중한 시간이었다. 머리가 아닌 발을 통한 능동적 이해야말로 대상을 온전히

이해하는 유일한 방법임을 경험한 값진 시간이었다. 그리고 광고가 트렌드를 선도한다는 것이 어떤 것인지, 광고주와 대행사가 함께 성장하는 즐거움이 어떤 것인지를 느낄 수 있었던 것은 또 다른 의미에서 특별했다.

대학원 시절, 나는 어떤 사회 현상이든 사회학이라는 프리즘으로 설명해 낼 수 있다는 자신감으로 충만했다. 아이리버와 함께 2년을 보내고, 나는 브랜드가 어떤 상황에 처해 있더라도 버터플라이 이론으로 적절한 커뮤니케이션 솔루션을 제시할 수 있다는 자신감으로 충만했다. 지금 생각해 보면, 그것이 사실이었는지 거짓이었는지 잘 모르겠다. 하지만 그때 나는, 내가 만든 전략을 나의 논리로 설명하고 상대를 설득할 수 있을 만큼 스스로를 무장하는 법을 알게 되었던 것 같다.

제3의 길

나의 금강기획 시절은 불시에 막을 내렸다. 굳이 '불시에'라는 말을 쓰는 것은 어떤 계획을 가지고 그만둔 것이 아니라, 그만두는 일이 급해서 무작정 그만두었다는 의미다. 만 6년 넘게 다닌 회사를 단박에 나왔지만, 사람들은 내가 회사를 그만두는 이유보다 어떤 회사로 가는지에 대해서만 관심을 보였다. 대부분의 사람들은 변화의 결과, 그 자체에만 관심을 갖는 경향이 있다. 그러나 과정이 생략된 결과는 불충분하다. 섭씨 99도가 되기까지 물이 겪는 무수한 변화의 과정을 이해하지 못한다면, 물이 수증기로 바뀌는 섭씨 100도의 질적 변화를 이해했다고 할 수 있을까? 모든 질적인 변화는 양적인 변화의 축적을 통해 태어난다.

금강에서 나는 광고에 대한 많은 생각을 교정했다. 광고가 자본주의의 꽃이라는 생각을 철회했다는 뜻이 아니다. 다만 자본주의니 과잉 소비니 하는 이데올로기에서 한 발짝 벗어나면, 광고는 너무 재미있고 너무 유쾌하고 너무 해 볼 만한 일이라는 생각을 갖게 되었다는 뜻이다.

어느 순간 나는 광고를 생각하면 레고Lego가 떠올랐다. 상상하고, 결합하고, 부수고, 또 만들고, 해체하고, 다시 조립하는 레고처럼 광고는 정답이 없다. 그리고 광고와 레고는 나와의 싸움이다. 투여한 시간과 고민의 크기에 따라 레고는 위대한 결과물을 안겨 준다. 시간과 고민의 결과로 만들어 낸 나의 생각과 논리, 나의 아이디어는 광고의 결과물 어딘가에 녹아 있다. 마지막으로 광고와 레고는 정답도 없지만, 끝도 없다. 레고 비행기를 완성하고 나면, 다시 로봇을 만들고, 우주선을 만든다. 그리고 다시 무언가를 만든다. 하나의 광고 프로젝트가 끝나면, 다른 프로젝트가 기다린다. 금융을 하다가 IT를 하고, 자동차를 하다가 패션을 한다. 하고 또 한다. 새로운 분야를 배우고 또 배운다. 배움에 끝이 없다는 것은 광고가 주는 아주 큰 매력이다. 매일매일 열정과 흥미를 간직하게 해 준다. 광고의 세상은 상상하고 합치고 만들고 해체하고 다시 만드는 레고 장난감 같은 세상이다.

광고에 대한 흥미가 높아지면서 생각도 깊어졌다. 연차가 높아진 만큼, 프로젝트에 대한 관여 수준도 깊어졌다. 아는 만큼 보인다고 했던가? 그동안 보지 못했던 많은 것들이 보이기 시작했다. 광고라는 일을 중심으로 사고하고 행동하는 프로의 모습이 아니라, 조직의 논리와 개인의 입장을 더 중시하는 아마추어 같은 모습이 여기저기서 포착되었다. 현대그룹의 하우스 에이전시 시절부터 몸에 밴 관료적 인식과 관행의 힘은 생각보다 컸다. 뭐든 다 알고, 무슨 일이든 다 해내는 광고인의 모습이 걷히면서, 한없이 작고 영악하고 나약한 직장인의 모습이 들어왔다. 광고가 레고 장난감 같다는 나의 생각은 현실이라는 세계 앞에서 작아졌다.

광고인? 직장인?

나의 새로운 화두가 시작되었다. 그리고 화두는 꽤 오랫동안 지속되었다. 게다가 금강 시절을 끝내야겠다는 질적 변화를 일으킨 결정적인 사건이 생겼다. 'BC카드'와 '진로', 두 개의 경쟁 PT였다. 결과부터 말하자면, 둘 다 패했고 나는 엄청난 내상을 입었다. 많이 싸웠고, 많은 상처를 주고받았지만, 현실의 벽은 너무 높고 견고했다. 전혀 광고적이지 않은 요소에 의해 경쟁 PT 상황이 전개되었다. 기획 본부장은 제작 본부장과의 관계 때문에 기획의 전략을 폐기했고, CD(creative director)의 기를 살려 줘야 한다는 제작 본부장의 입장 때문에 외주에서 들어온 괜찮은 아이디어는 사장되었다. 그리고 AE들은 이를 용인했다. 더 당황스러웠던 점은 경쟁 PT의 패배에 대해 어느 누구도 성찰하지 않는 분위기였다. 오히려 서로의 끈끈한 관계를 재확인했다는 것으로 위안을 삼는 듯한 분위기는 정말 불쾌해서 견디기 어려웠다.

밀턴 글레이저는 작업 시간을 '은행의 돈'처럼 투자의 개념으로 생각하는 것은 곤란하다고 말한다. 작업 도중에, 심지어 완성한 뒤라도 원하는 결과물이 나오지 않았거나 이미 알고 있는 것을 반복했을 뿐이라는 판단이 서면 이유 여하를 막론하고 폐기해야 한다고 단언한다. 우리가 하고 있는 광고 일도 마찬가지다. 광고 회사의 AE는 제작물 A와 B 중 더 좋은 하나를 선택하는 자리가 아니다. 핵심 과제를 명쾌하게 정의 내리고, 그 해결책으로 A안과 B안이 자격을 갖추고 있는지를 생각하는 자리다. AE는 오직 아이디어로만 크리에이터와 타협하는 자리다. AE는 제작에 방향을 주고, 영감을 북돋울 방법을 생각하는 자리다. 따라서 AE는 생각하는 대가로 월급을 받는 자리다. 그런데 금강에서의 생활은 더 이상 생각하기를 포기하라는 협박 같았고, 대충대충 묻어 가라고 다그치는 것 같았다. 그 시절은 그 어느 때보다도 나에게 성찰을 요구했다.

『제3의 길』로 유명한 앤서니 기든스(Anthony Giddens, 1938~ , 영국의 사회학자)는 신자유주의의 광풍이 휩쓸고 다니던 시절을 이렇게 표현했다.

"우리는 언덕길 아래로 향하는 수레바퀴 위에 올라타 내달리고 있는데, 바로 그 수레바퀴의 브레이크가 고장이 나 있다."

2007년 이른 봄의 내 마음도 브레이크가 고장 난 수레바퀴 같았다. 그리고 내가 선택할 수 있는 옵션은 두 가지밖에 없었다. 브레이크를 고치거나 수레에서 뛰어내리거나. 브레이크를 고칠 능력이 없던 나는 수레에서 뛰어내렸다. 구태를 지켜보기에는 상대적으로 정의로웠고, 좋은 게 좋은 것이라고 넘어가기에는 광고적으로 많이 성장해 있었던 것 같다. 그때의 나는 광고 회사야말로 레고처럼 무엇이든 상상하고 합치고 해체하고 다시 만들어 내는 새로움, 변화, 진화하는 자기 혁신의 DNA를 가진 사람들의 놀이터여야 한다고 생각했다. 광고 회사에 대한 이런 생각은 지금도 변함이 없지만, 부족함을 견딜 수 있을 만큼 지금의 나는 세월을 가졌다.

내가 금강 시절을 불시에 막 내린 이유가 하나 더 있다. 한 사람이 있었다. 광고에 관한 한 엄청난 지적 자극을 나에게 주는 사람이었다. 그는 어카운트 플래너(AP)의 직무를 담당하면서 오길비앤마더 월드와이드의 교육 프로그램들을 금강에 전파하는 직접적인 창구 역할을 했다. 오길비앤마더의 교육 자료와 프로그램은 그를 거치면서 한 번 더 진화했다. 한국적 상황에 맞게 해석하고, 실무에 쉽게 적용할 수 있는 아이디어도 제시해 주었다. 그는 내가 만난 광고인 중에 가장 빨리, 가장 깊이 있는 전략 방향을 제시할 줄 아는 사람이었고, 가장 크리에이티브한 전략 아이디어를 제안할 줄 아는 사람이었다. 어쩌면 나의 금강 시절은 그 사람을 모방하면서 뛰어넘으려고 무던히도 노력한 시절이었다. 나의 금강 시절은 스스로 '인식론적 단절기'라 부를 만큼 광고에 대한 지식이 성장하던 시기였고, 광고에 대한 방법론적 진화의 시기였다고 자부한다. 그럼에도 불구하고 그와 비교하면 나는 부처님 손바닥 안이었다. 내가 한 뼘씩 쫓아

가면, 그는 한 걸음씩 달아나는 것 같았다. 브리프든, 전략이든, 기획서든 그는 언제나 내가 생각하지도 못한 것을 만들어 냈다.

금강에서의 마지막 계절에 치른 두 번의 경쟁 PT에는 그도 있었다. 하지만 그는 나의 기대와 달리, 구태와의 힘든 싸움을 피했다. 그것은 인간적 실망을 넘어 일종의 충격이었다. 40대 중반을 향해 가는 지금이라면, 그때처럼 절망적인 감정까지는 느끼지 않았을지도 모르겠다. 그러나 모든 상황을 이해하고 견디기에 그때의 나는 젊었다.

2007년 금강오길비를 그만뒀다. 「타임」지는 2006년 올해의 인물에 '당신You'을 선정했고, 광고 전문지 「애드 에이지」는 2006년 최고의 광고 회사로 '소비자'를 꼽았다. "정보의 시대를 컨트롤하는 개인", "시장 권력을 장악한 소비자"와 같이 거창하게 내리는 정의가 아니더라도 역사의 전면에 개인의 역할이 그토록 주목받았던 시기는 일찍이 없었다.

이런 변화가 광고에 던지는 메시지는 명확하다. 소비자들에게 브랜드의 정보를 제공함으로써 브랜드를 이해시킨다는 광고의 기본 역할에 대한 수정이 불가피해졌음을 의미한다. 소비자는 이미 모든 정보를 가지고 있고, 마음만 먹으면 모든 것을 알 수 있다는 전제 아래 광고에 접근하지 않으면 안 되는 시대가 시작된 것이다. 직접 경험하고 즉각 행동하는 데 직접적인 영향을 미치지 못하는 광고는 결코 좋은 광고일 수 없는 시대가 도래한 것이다. 광고는 소비자 행동에 직접 영향을 주는 아이디어이면서 비즈니스의 문제를 즉각적으로 해결하는 솔루션이 될 것을 요구받는 시대가 열린 것이다.

큰 조직을 벗어나 '나'라는 개인에 대한 자기 성찰의 기회로 삼기에 2007년은 조금도 부족함이 없는 해였다.

빠른 것은 항상 느린 것을 이긴다

세상에 좋은 것은 많다.

하지만 좋은 것만으로는 부족하다.

새로움을 만드는 것.

그리고 그 새로움이 끊임없이 반복될 수 있도록 하는 것.

이것이 기대를 만드는 유일한 길이라고 생각한다.

새로움의 이름이 돼라.

그리고 그 새로움을 파괴하는 이름이 돼라.

창조와 파괴는 같은 이름이다.

Be the First, Break the First.

이것은 2005년에 아이리버의 브랜드 컨설팅을 진행할 때 제안했던 아이리버의 브랜드 메니페스토다. 2014년 상반기 광고계를 흔들고 있는 현대카드 '옆길로 새' 광고의 슬로건인 Make Break Make, '만들고 부수고 다시 만든다'와 같은 의미다. 이처럼 광고판의 아이디어는 돌고 돌고 돈다. 어쨌든 멋지지 않은가? 헤르만 헤세(Herman Hesse, 1877~1962, 독일의 시인이자 소설가)가 『데미안』에서 말한 것처럼, "태어나려는 자는 하나의 세계를 깨뜨리지 않으면 안 된다". 하지만 그렇게 만들어진 새로움도 영속되지는 않는다. 새로움은 태어나는 순간 옛것이 된다. 새로움을 지속하기 위해서는 쉼 없는 동적 에너지를 필요로 한다. 권태와 무관심을 경계해야 하고, 개방적인 태도로 세상과 소통해야 한다. 금강을 그만둘 때, 아이리버의 메니페스토는 나에게 큰 위안을 주었다. 가진 것을 놓아야 할 때가 있다. 그때마다 아쉬움이나 후회 같은 미망迷妄에서 빠져나오는 데 이만한 글이 없다.

금강이란 알을 깨고 내가 선택한 세계는 뿔컴BBul Communications이라는 작은 광고 회사였다. 나의 첫 직장인 대홍기획 선배들이 만든 회사였다. 세 명의 대표와 세 명의 직원이 있었다. 대표와 직원 각각 두 명이 기획과 카피, 아트에서 페어fair로 일하고 있었다. 뿔컴은 설립과 함께 영입한 던롭코리아를 3년째 대행하며 안정적으로 운영되고 있었다. 작은 광고주들이 몇 개 더 있었지만, 대표들이 모두 실무를 담당하고 있었으므로 인력 운영은 오히려 여유가 있었다. 나에게 회사의 규모는 중요하지 않았다. 중요한 것은 일하는 방식과 사람과의 관계뿐이었다. '왜? 이 일을 하고 있는가?'에 대한 이유가 공유되고, 모두가 같은 목표를 향해 나아가고 있다는 확신만 있다면 충분했다.

대부분의 광고인들은 좋은 광고를 만드는 일이 목표라고 말할 것이다. 나도 그렇다. 하지만 나에게는 그 이전에 선행되어야 할 한 가지가 더 있다. 좋은 광고를 만드는 일이 즐거워야 한다는 것이다. 나뿐만 아니라 함께 일하는 모두가 즐거워야 한다. 왜냐하면 광고는 공동의 작업이기 때문이다. 모두가 즐거워야 좋은 광고를 만들 확률도 높아진다고 믿기 때문이다. 아이디어는 타고나는 것이 아니라 숙성되는 것이고, 혼자 하는 것이 아니라 함께하는 것이기 때문이다.

뽈컴의 후배들은 열정적이었다. 그리고 착했다. 광고를 꿈꾸는 대부분의 친구들이 삼성이나 현대, LG, 롯데와 같은 그룹사의 하우스 에이전시를 꿈꾼다. 모두 메이저 대행사를 가고 싶어 한다. 뽈컴의 후배들도 다르지 않았다. 언젠가는 메이저 대행사에 들어가겠다는 꿈을 안고 있었다. 이미 날갯죽지 어딘가 상처 하나쯤 가진 그들은 광고에 대해 더 많은 것을 알고 싶어 했다. 그래서 대홍기획과 금강기획이라는 메이저 대행사를 두루 거쳐 뽈컴으로 온 나에 대한 관심이 높았다.

나는 여느 선배나 직장 상사 이상의 책임감을 가질 수밖에 없었고, 덩달아 열정적이 되지 않을 수 없었다. 가능한 한 많은 것을 들려주며 가르쳐 주고 싶었다. 내가 배우고 경험한 것들을 뽈컴 후배들과 공유하고 토론했다. 지식과 경험을 공유하기 위해서는 공부가 필요하다. 그러려면 생각에 머물던 것을 새롭게 정리할 필요가 생긴다. 때문에 '가르치며 배운다'라는 말은 정확한 표현이다. 우리는 점점 한 팀one united이 되어 가고 있었다.

그때 나는 한 가지 목표를 세웠다. 오길비앤마더 월드와이드에서 자주 쓰던 '브랜드 팀Brand Team'을 뽈컴의 후배들과 만들고 싶었다. 오길비앤마더 아시아퍼시픽의 CEO 마일즈 영Miles Young은 틈만 나면 브랜드 팀을 강조했다.

"빅 아이디어를 받아들이고 이를 중심으로 통합된 브랜드 커뮤니케이션을 창출하는 것은 경이로운 업적이며, 이것이 바로 우리가 이행하고자 하는 것이다. 그러나 이를 위해서는 자신이 하고 있는 일이 무엇인지를 잘 알고, 360도 브랜드 스튜어드십에 정통한 브랜드 팀이 필요하다. 그것은 예술인 동시에 과학이며, 눈에 보이는 것 이상의 것을 성취하려는 갈망과 결합된 이론과 실제이다. 지금이 바로 강력한 마술과 이를 지탱하는 정확한 논리를 재개해야 할 때이다."

브랜드 팀은 광고의 빅 아이디어를 만드는 필요충분조건이라고 그는 말한다. 브랜드 팀은 기획과 제작의 경계가 없는 팀이다. 기획과 제작으로 생각하는 일을 구분하는 순간, 생각하는 일을 멈추기 때문에 통합적 브랜드 커뮤니케이션을 실현하는 데 효과적이지 못하다는 것이 브랜드 팀 구상의 가장 큰 이유다. 경쟁 PT를 예로 들면 최초의 OT(orientation)부터 최후의 PT(presentation)까지 기획과 제작이 한 몸이 되어 움직인다. 브리프도 함께 쓰고, 제작 아이디어도 함께 만드는 것이 브랜드 팀이다.

브랜드 팀에서는 '무엇을'과 '어떻게' 중에서 무엇이 중요한가? 라는 광고계의 오래된 논쟁이 무의미하다. 나는 광고계의 이 오랜 논쟁의 배경에는 기획 팀과 제작 팀 사이에 보이지 않는 권력 투쟁이 존재한다고 생각한다. 서로에게 책임을 떠넘기고 싶어 하는 심리라든가, 비겁하지만 편하게 회사 생활을 하고 싶다는 욕망들이 작동하고 있는 것이다. 얼마 전 한 CD와 이 문제로 이야기를 나누었는데, '어떻게'가 더 중요하다고 말하는 그의 이유가 걸작이었다. "요즘은 광고주들이 전략은 안 보고 크리에이티브만 보기 때문"이라고 했다. 메이저 광고 회사 CD의 답변치고는 군색하기 짝이 없었다. 전략과 크리에이티브의 변증법적 관계를 조금이라도 이해한다면, 논쟁 자체가 무의미한 논쟁이다.

전략은 크리에이티브보다 시간적으로 앞선 작업이다. 그리고 전략은 선택이다. 광고를 통해 무엇을 달성해야 하는지, 누구에게 말해야 하는지, 인식이나 행동을 어떤 방향으로 변화시키면 되는지, 그리고 언제 어디서 어떻게 커뮤니케이션하는 것이 최선인지, 전략은 이런 것들을 결정하는 과정이다. 반면에 크리에이티브는 창의성creativity, 즉 직관이다. 어떤 이미지를 구성할지, 어떤 음악을 입힐지, 무슨 카피를 어떻게 앉힐지, 어떤 분위기를 유지할지, 크리에이티브는 이런 것들을 고민하는 영역이다. 창의성에 정해진 법칙은 없다. 한때 광고업계에서 굉장한 가능성을 인정받았던 'Creative Air'라는 광고 회사 이름처럼 크리에이티브는 공기 중에 있는 것이다. 따라서 프로젝트에서 크리에이티브의 적확성을 판단하는 유일한 기준은 전략뿐이다.

기획 팀과 제작 팀에 가장 중요한 것은 내가 옳고 네가 틀렸다는 시비를 가리는 것이 아니라, 둘 사이의 간극을 좁히는 일이다. 기획은 태생적으로 위험을 최소화하는 자리임을 기억해야 한다. 제작은 태생적으로 창의성에 있어 모험을 즐기는 자리임을 유념해야 한다. 따라서 광고는 실패 확률을 낮추려는 기획 팀과 창의성의 모험을 높이려는 제작 팀 사이에서 타협점을 찾는 일이다. 그리고 이러한 모순을 조화시키는 카드가 브랜드 팀이다.

광고는 광고가 실현되는 실제 세계에 대한 이해에서 출발한다. 사람들의 감정과 신념과 편견, 경쟁자들이 처한 상황, 실제로 우리 제품을 사용하게 되는 현실의 조건, 그것들을 둘러싼 다른 커뮤니케이션들의 작동 방식 등 사람들을 둘러싸고 있는 온갖 것들을 이해하는 것이 좋은 광고의 출발점이다. 만약 우리가 만든 크리에이티브가 사람들에게 적절하지 못한 것을 말하거나, 잘못된 것을 말하거나, 적절하지 못한 방식으로 말하거나, 혹은 잘못된 시점에 말하면 아무런 결과도 얻지 못한다. 결국 돈만 낭비하는 결과를 빚게 된다. 브랜드 팀은 좋은 광고의 출발점에서 함께 시작하고 도착점에서 함께 마무리하는 팀이다.

　브랜드 팀에 대한 뽈컴에서의 실험은 상당한 의미가 있었다. 뽈컴에서 보낸 10개월 남짓한 기간 동안 크고 작은 경쟁 PT가 14회 있었다. 그중 13회를 이겼다. 기획 팀과 제작 팀의 밥그릇 싸움에 에너지를 소모할 필요가 없었고, 모두들 서로를 이해하며 일했다. 승률보다 더 값진 기억은 착한 과정을 거치고도 좋은 광고, 좋은 결과를 얻을 수 있다는 확신을 가지게 되었다는 것이다. 광고를 만드는 착한 공정, 그것은 쉽지 않은 일이었지만, 불가능한 일도 아니었다.

　14회의 경쟁 PT 중에서 가장 기억에 남고, 의미가 컸던 것은 '현대스위스저축은행' 경쟁 PT였다. 빌링도 빌링이지만, 메이저 광고 회사들까지 포함된, 제대로 판이 벌어진 경쟁 PT였다. 뽈컴이 플라이급이라면 경쟁사들은 최소 라이트헤비급 이상이었다. 대홍기획, 한컴, 메이트 등 규모와 경쟁력을 갖춘 광고 회사들이 대거 참석했다. 우리는 마지막까지 참여를 망설였다. 이 정도 규모의 경쟁 PT라면 비용만 최소 3000만 원 정도는 감수해야 했기 때문이다. 뽈컴 같은 조그만 광고 회사에 3000만 원은 아주 큰 금액이었다. 배우고 도전하는 심정으로 참여를 결정했다. 그런데 의외의 결과가 나왔다. 뽈컴이 승리한 것이다.

　우리가 가진 생각은 하나였다.

　"큰 것이 항상 작은 것을 이기는 것은 아니다. 하지만 빠른 것은 항상 느린 것을 이긴다."

The big do not always eat the little. The fast always eat the slow.

　이것은 뿔컴의 입장이기도 했고, 제1은행권에 피해 의식을 가진 현대스위스저축은행의 입장이기도 했다. 뿔컴은 최종 결승 PT까지 가는 피 말리는 과정을 거쳐 현대스위스저축은행의 광고 대행사가 되었다. 현대스위스저축은행은 우리의 규모와 무관하게 우리를 믿어 주었다. 브랜드 컨설팅을 통한 신규 CI 작업에서 TV 커머셜까지 종합 광고 회사도 쉽게 할 수 없는 일들을 진행했다. 우리가 만든 CI가 거리의 간판으로 변신하는 모습을 지켜보는 것은 광고와는 또 다른 묘한 기분을 느끼게 해 주었다.

　뿔컴의 승리는 광고계에 흔치 않은 사건이었다. 메이저 회사의 선후배들이 뿔컴의 존재를 확인하는 전화를 해 왔다. 종합 광고 회사들의 대화 속에 뿔컴이 회자되는 호사를 누렸다. 그리고 규모를 중시하지 않는 웬만한 경쟁 PT에 뿔컴이 초대되었다. 특별히 싸이월드(SK커뮤니케이션즈)와 자생한방병원도 기억에 남는 광고주들이었다. 싸이월드는 종합 광고 회사들도 탐내는 핫한 아이템의 브랜드였

고, 자생한방병원은 김연아와 박지성을 모델로 내세우며 유명세를
치렀기 때문이다.

　빠른 것은 항상 느린 것을 이기는 법이다.

깨끗하게 다시 시작!

2008년 1월 21일. 열대여섯 명이 논현동 엘베스트 사옥에 모여 조촐한 창립식을 했다. 창립식을 마친 뒤에는 다 같이 짜장면을 먹고, 대표와 함께 당구를 쳤던 기억이 난다. 엘베스트 커뮤니케이션즈는 그렇게 독립 광고 회사를 지향하며 만들어졌다.

광고를 사랑하고 좋은 광고를 만들고 싶은 욕망을 가진 광고인들은 독립 광고 회사를 선호하는 경향이 있다. 경험적으로 볼 때, 하우스 에이전시는 광고 회사의 의견보다 광고주의 목소리가 중요하게 작동하는 메커니즘을 가지고 있기 때문이다. 따라서 대기업에 속한 하우스 에이전시는 광고하는 사람의 자유로움과 충돌하는 여러 지점들이 산재할 수밖에 없는 구조다. 하우스 에이전시 체제는 우리나라만의 독특한 구조다. 외국의 경우, 큰 기업이 광고 회사를 소유하고 운영하는 곳은 내가 알기론 없다. 이것은 '재벌'이라는 우리나라 특유의 기업 지배 구조와 무관하지 않다. 학계에서 그리고 외국의 미디어들이 우리나라의 대기업을 'Conglomerate(복합 기업)'이나 'Konzern(콘체른)'과 같은 단어를 버리고 한글 표기인 재벌을 그대로 'Chaebul'로 표기하는 데는 그 양태가 특이해서일 것이다. 어쨌든 하우스 에이전시 체제는 재벌만큼이나 세계 광고사에 유례를 찾기 힘든 구조의 광고 회사다.

사실 내가 대홍기획에서 광고를 시작하던 때만 해도 요즘처럼 그렇게 문제가 되지는 않았다. 광고주라 하더라도 그룹 공채 기수로 기본적인 서열이 만들어졌다. 더구나 광고 회사는 그룹 내에서도 가장 선호되는 곳이었다. 광고 회사의 전문성에 대해 광고주도 인정하는 분위기가 있었다. 그런데 공채 채용이 거의 사라지고, 광고 회사 출신들이 광고주로 옮기는 경우가 늘면서 광고 회사의 지위가 요즘은 애매해졌다.

이런 일련의 변화들이 생기던 시기에 만들어진 엘베스트는 광고인들에게 좋은 대안이었다. LG그룹과는 반쯤 걸쳐 있으면서 안정적인 영업적 토대가 마련되어 있었고, 광고인을 존중하겠다는 대표와 광고인들로부터 존경받는 광고인 선배가 그림을 그린 회사였기 때문이다. 2008년 말, 엘베스트가 LG그룹의 완전한 하우스 에이전시가 되기 전까지 엘베스트는 아이디얼 타입에 가까운 독립 광고 회사였다. 내가 좋아하는 표현으로 '명랑한 광고 회사'였다.

명랑한 광고 회사 엘베스트에서의 첫 경쟁 PT는 LG생활건강의 '테크'였다. 당시 LG생활건강은 HS애드, 웰콤, TBWA, 하쿠호도제일 등 4개 광고 회사가 경쟁을 통해 광고를 대행하고 있었다. 2월 21일 엘베스트가 정식으로 발족하고, 3월 11일 경쟁 PT를 했다. 명랑한 광고 회사의 전열이 채 갖춰지지 않은 시기였다. 하지만 그것은 우리 사정일 뿐, 엘베스트를 바라보는 세상의 시선이 이런 이유로 관대해지는 법은 없다. LG생활건강의 테크 경쟁 PT는 엘베스트가 처음으로 세상에 선을 보이는 무대였고, 세상의 첫 평가를 받는 시험대였다.

광고주 오리엔테이션을 마치고 돌아온 첫 회의에서 격론이 벌어졌다. 격론 내용은 PT의 과제가 아니라 '어떤 태도로 이번 PT에 임할 것인가?'였다. LG그룹과 우리가 한 식구라는 관계성을 느끼게 해 줘야 한다는 쪽과 LG그룹의 하우스 에이전시인 HS애드와 겹치는 순간 우리는 아무것도 아닌 것이 된다는 주장이 맞섰다. 엘베스트의 최종 선택은 "LG생활건강에 우리의 존재감을 강하게 남기는 것"으로 갈무리되었다. 경쟁 PT의 승패는 중요하지 않았다. 우리가 얼마나 다른 회사인지, 우리가 얼마나 흥미로운 회사인지를 보여 주는 것이 중요하다고 생각했다. 다른 시각에서 나오는 다른 결과를 제대로 보여 주는 것을 테크 PT의 핵심으로 삼았다. 방향이 잡히자 행동 방식이 정해졌다.

'맞춰 잡지 말자!'

'구태의연하게 보이지 말자!'

'이기는 것보다 강한 인상을 남기자!'

첫 가설은 쉽게 나왔다. 주부에게 빨래는 힘들고, 지치고, 하기 싫은 일이다. 테크는 이런 약속을 할 수 있다. "주부님 걱정하지 마세요, 테크가 도와 드릴게요." 가설 검증을 위해 주부들을 만났다. 그런데 빨래에 대한 주부들의 생각은 조금 달랐다. 한마디로, 빨래에 대해 아무 생각이 없었다. 어떤 가치 개입도 일어나지 않는, 그냥 매일매일 해야 하는 일상으로 생각할 뿐이었다. 그냥 해야 하는 일이지 걱정거리가 아니었다. 주부들은 빨래에 대한 생각에 비례해 세제에 대해서도 무관심했다. 기본적으로 어떤 세제든 제품력은 좋다고 인식하고 있었고, 제품력의 차이는 거의 없다고 느끼고 있었다. 이런 주부들에게 테크가 더 좋은 세제라고 말하는 것은 아무 의미도 없어 보였다.

가설에 대한 시행착오를 통해 첫 방향이 나왔다. 테크 브랜딩을 위해 가장 중요한 것은 빨래에 대한 주부의 관점을 바꾸는 일이었다. 주부들에게 빨래에 대한 새로운 관점을 제시하지 못한다면, 테크의 어떤 약속도 테크가 기대하는 결과를 만들 수 없다고 판단했다. 테크를 위한 엘베스트의 전략 콘셉트인 '빨래의 재발견reframing'은 이렇게 만들어졌다.

우리는 빨래 그 자체보다 옷에 묻은 '때'에 주목했다. 우리는 깨끗하게 세탁된 옷을 입고 집을 나서지만, 저녁이 되어 집에 돌아올 때는 여기저기 '때'를 묻혀 온다. 다시 옷을 세탁해야 하는 주부들에게 '때'는 스트레스 그 자체다. 우리는 여기서 관점을 살짝 틀어 보았다. 주부가 아닌 엄마와 아내라는 생활자의 관점에서 보면, '때'는 스트레스가 아니라 '메시지'로 해석되었다. 엄마는 아이의 옷에 묻은 때를 보고 많은 이야기를 들을 수 있다. 우리 아이가 무슨 색을 좋아하는지? 몰래 아이스크림을 사 먹었는지? 축구를 했는지? 금세 알 수 있다. 아내는 남편의 옷에 묻은 때를 통해 남편의 일상을 상상할 수 있다. 점심은 뭘 먹었는지? 끊겠다고 약속한 커피를 마셨는지? 단박에 알 수 있다.

빨래에 대한 다른 관점은 우리를 새로운 인사이트로 안내했다. 엄마와 아내가 준비한 깨끗하게 세탁된 빨래는 사랑하는 가족들에게 선사하는 새하얀 캔버스다. 사랑하는 가족들은 새하얀 캔버스 위에

LG생활건강 테크 광고. 〈아이 편〉, 〈아빠 편〉

매일매일의 이야기를 그림으로 그려 넣는다. 얼룩은 물감이고, 때는 연필이다. 엄마와 아내는 이 이야기들을 들으며 빨래를 한다. 그리고 새로운 캔버스를 가족들에게 선물한다. 요컨대 빨래는 이 모든 이야기들의 새로운 출발restart을 제공하는 행위인 것이다. 엘베스트가 테크를 위해 LG생활건강에 제안한 슬로건 '깨끗하게 다시 시작, 테크'는 이런 배경에서 나왔다.

테크 경쟁 PT에 대한 평가는 기대 이상이었다. 엘베스트라는 회사에 대한 기대를 만드는 데 충분했다. 엘베스트의 첫 PT에 대한 평가가 LG그룹사들 사이에 퍼져 나가기 시작했다. 엘베스트가 테크의 새로운 대행사가 된 것은 당연한 일이다. 테크 경쟁 PT는 엘베스트의 창립 기념 PT가 되었다.

너무너무 당연한 말이지만, '인사이트는 힘이 세다'는 엄연한 사실을 첫 PT를 통해 절감하고 확신하게 되었다. 세 사람이 한자리에 모이면 그 의견들이 제각각인 경우가 많다. 이때, 아무리 자신의 의견이 옳다고 믿더라도 무리하게 남을 설득시키려 하지 말라고 스피노자는 조언한다. 인간은 "설득 당하기를 싫어하는 존재"이기 때문이다. 때문에 의견이란 못질과 같아서 두들기면 두들길수록 자꾸 앞이 들어갈 뿐, 못의 기능을 제대로 하지 못한다는 것이다. 그런데 인사이트는 스스로 동의하게 만드는 힘이 있다. 인사이트는 소비자와 관련하여 아직 파악되지 못했거나 한 번도 사용되지 않은 진실이나 욕망, 신념의 발견이다. 친숙하지 않은 것들을 이해하도록 도와주고, 친숙한 것들을 이전보다 더 나은 방식으로 더 깊이 이해하게끔 다시 보게 해 준다. 왜냐하면 사람들의 판단은 종종 왜곡되어 나타나는 경향이 있기 때문이다. 진리는 인내와 시간이 저절로 밝혀 준다는 스피노자의 말처럼 인사이트는 저절로 동의하게 해 준다.

'거짓 동의 효과'는 대부분의 사람들이 다른 이들도 나와 같은 생각을 가질 것이라는 일종의 경향성으로, 다른 이들에게 나 자신을 투영하는 현상을 말한다. 그런가 하면 '고집의 심리'라는 것도 있다. 자신의 신념이 옳다는 생각에 자기 견해와 일치하는 사실들만 주목하고, 이것이 다시 신념을 강화시켜 고집으로 이어지는 것이다. 과시와 모방도 있다. '베블런 효과'는 필요의 소비가 아닌 과시적 소비를 통해 고가의 사치품일수록 더 선호하는 경향을 말한다. '밴드왜건 효과'도 있다. 다른 사람이 어떤 물건을 사면 괜스레 따라서 사고 싶다는 생각이 드는 심리를 일컫는다. 무릇 광고는 이런 심리나 효과를 강화하기도 하고 교정하기도 하는 인사이트를 통해 세계를 바라보는 인식의 새로운 관점을 제공한다.

엘베스트는 일곱 살이 되었다. 2014년 현재, 엘베스트는 1600억이 넘는 매출로 업계 7위의 중견 광고 회사가 되었다. 그러나 처음 엘베스트가 꿈꾸던 독립 광고 회사의 명랑함은 흔적만 남았다. 적절한 표현인지는 모르겠지만, "악화가 양화를 구축한다Bad money drives out good"라는 말이 있다. 나쁜 돈이 좋은 돈을 몰아낸다는 뜻이다. 과거에 돈의 유통량을 늘리기 위해 금화나 은화에 함유된 금과 은의

함량을 낮추는 일이 많았는데, 그 결과 함량이 높은 주화는 장롱 속에 들어가고 함량이 낮은 주화만 시중에 나돌게 된다는 것이다. 독립 광고 회사의 명랑함은 숨어 버리고 하우스 에이전시의 관료적 분위기가 스멀스멀 스며들고 있다.

막스 베버가 그랬다. 관료화는 새장처럼 조직을 가둔다고.

응답하라 2013

시간은 정해진 계획이라도 있는 것처럼 그저 흐를 뿐이다. 창조론이든 진화론이든 세계를 설명하려는 어떤 이론들도 이 엄연한 사실을 부정할 수는 없다. 그저 흐르는 세월을 두고 사람들은 도도한 그 흐름의 일부를 잘라 내어 의미를 부여하고 싶어 하는 경향이 있다. '응사'(《응답하라 1994》), '응칠'(《응답하라 1997》) 드라마의 신드롬은 이런 인간 본연의 욕망과 맞닿아 있다. 역사니 시대니 하는 거창한 주제도 한 꺼풀만 들춰내면, 응사나 응칠에서 우리가 그토록 열광했던 사람들의 삶과 사랑의 집합체에 불과할 뿐이다. 그럼에도 불구하고 우리가 역사와 시대에 의미를 부여하며 지나간 시간을 조망하는 이유는 단 하나다. 과거를 통해 현재와 미래, 새로운 시대를 채울 사람들의 삶과 사랑의 조건들을 조금이라도 개선시키려는 간절한 소망,

그것 때문이다.

글을 쓰고 있는 지금은 2013년 12월 31일 이른 저녁이다. 1월 6일 유플러스 LTE 경쟁 PT와 1월 21일 LG전자 디오스 경쟁 PT를 준비하다 반포대교 위 늘어선 자동차 불빛에 이끌려 이 글을 쓰고 있다. 모두가 모두의 삶과 사랑에 관한 새로운 이야깃거리를 만들어 낼 불빛들이다. 몇 시간 남지 않은 2013년을 추억하기에 이보다 더 좋은 타이밍은 없을 듯싶다.

2013년의 시작도 유플러스의 경쟁 PT로 맞았다. 경쟁 PT 대상은 유플러스 IPTV의 새로운 브랜드 tvG였다. 기존 IPTV에 다양한 스마트 기능을 추가한 tvG는 Next IPTV라는 콘셉트로 2012년 가을 론칭했다. 말춤 하나로 전 세계를 들썩이게 만들고, 유튜브에서 10억 8800만 뷰라는 기록을 세운 싸이가 모델이었다. 빅 모델과 적지 않은 광고비를 투여했음에도 불구하고, tvG 론칭은 성공적인 성과를 거두지 못했다.

tvG 론칭 광고에도 불구하고, 소비자들은 여전히 tvG의 정체성에 대해 혼란스러워하고 있었다. TV인지, 스마트 TV인지, IPTV인지 헷갈려 하는 소비자 인식을 해결하지 않고서는 소비자의 기대를 만들고 행동으로 움직이게 하는 데는 역부족이었다. 또 하나 해결해야 할 문제는 콘텐츠가 IPTV를 선택하는 유일한 기준처럼 되어 있는 소비자 인식이었다. 유플러스는 미래 IPTV 시장의 경쟁 우위 요소를 콘텐츠로 보지 않았다. 유비쿼터스 시대, 컨버지드 홈의 핵심 디

바이스를 TV로 정의하고, IPTV의 나아갈 방향은 스마트 기능을 탑재한 스마트 IPTV라고 확신하고 있었다. 2013년 첫 경쟁 PT의 과제인 'FULL HD', '4채널 동시 시청', '자연어 음성 검색' 등은 경쟁사와 전혀 다른 유플러스의 미래 전망을 보여 주는 것들이었다.

이런 배경들을 점검하는 가운데 우리의 전략은 명확해졌다. 정확히 IPTV에 발을 딛고 있으면서 IPTV라는 카테고리의 진화를 느끼도록 해야 했고, 유플러스의 새로운 기능들을 진화의 유일한 증거로 인식하게 만들어야 했다. 다행히 유플러스의 새로운 기능들은 국내 유일, 국내 최초의 기능들이었다. 우리는 'IPTV를 넘어 tvG가 되다'라는 커뮤니케이션 콘셉트를 제안했고, 국내 최초, 국내 유일의 FULL HD 방송, 4채널 동시 시청, 통합 음성 검색을 IPTV를 뛰어넘는 next IPTV의 기준으로 제시했다. tvG는 2013년 한 해 동안 두 번더 경쟁 PT에 나왔지만, 우리는 모두 승리했다.

2013년 한 해에 tvG를 온전히 대행한 것은 우리 팀의 가장 큰 성과였다. 빌링도 빌링이었지만, 결과적으로 괜찮은 캠페인을 진행할 수 있었기 때문이다. 지금까지 유플러스 홈 사업부는 개별 이슈에 단발성 광고로 대응해 왔다. 그러나 금년 한 해는 일관성 있는 캠페인성 광고를 진행함으로써 대내외적으로 의미 있는 평가를 받았다. 우리는 운 좋게 '꽃보다 할배'라는 파급력을 가진 모델을 잡을 수 있었다. 처음에는 3개월 단발로 계약되었지만, 하반기 전체를 끌고 갈 수 있게 되었다. 모델이 전략이 되면서 메시지의 일관성이 잡혔고, 쓸데없는 에너지의 낭비를 줄이면서 제작물의 완성도에 기여할 수 있었다. 더불어 엘베스트의 제안을 의미 있게 들어준 광고주의 뚝심이 있었기에 가능했다. 이런 의미에서, 좋은 광고는 좋은 광고주가 만든다는 말이 허튼소리는 아니다.

LG U+tvG 광고. 〈4채널 동시 시청 편〉, 〈Full HD 편〉, 〈통합 음성 검색 편〉

tvG 경쟁 PT가 끝나고, 곧바로 '마운티아'라는 아웃도어 브랜드의 경쟁 PT에 참여했다. 마운티아 자체는 광고 대행의 매력이 떨어지는 브랜드였지만, 같은 회사의 다른 브랜드인 '블랙야크'라는 매력적인 먹잇감 때문이었다. 엘베스트를 포함해 3개 사가 경쟁했다. 결론부터 말하자면, 마운티아 경쟁 PT는 패했다. 우리는 마운티아를 위한 제안을 준비하면서 두 번의 '유레카'를 외쳤다. 전략과 크리에이티브가 단단하게 결합된, 정말 괜찮은 캠페인을 제안했음에도 패했다. 경쟁 PT에 참석한 광고주 모두 압도적인 선의를 보여 주었고, 실행 방안에 대한 협의를 할 정도로 분위기가 좋았다. 그러나 석연치 않은 패배를 통보받았다. 몇 개월 후, 우리는 광고주로부터 '블랙야크' 경쟁 PT에 초청받았지만, 참여 불가를 통보했다.

신규 광고주를 개발하는 것도 중요한 일이지만, 기존 광고주를 관리하는 것은 더 중요한 일이다. 엘베스트는 2012년 KB금융지주와 KB카드, KB국민은행을 모두 영입하는 데 성공했다. 기획 팀 하나가 하나씩 관리했는데 우리 팀은 KB국민은행을 담당해 오고 있다. KB국민은행은 TV 커머셜은 제작하지 않고, 인쇄 광고를 중심으로 집행했다. 요즘은 인쇄 매체의 영향력이 줄어들어 그 중요도가 많이 줄었지만, 2000년대 중·후반까지만 해도 인쇄 캠페인만 진행하는 광고주들이 꽤 많았다. 인쇄 광고는 광고 회사의 주니어들이 콘셉트를 뽑고 크리에이티브를 만들어 가는 과정을 학습하기에 더없이 좋은 교재다. TV 커머셜에 비해 호흡이 짧고 메시지의 명확성이 요구되기 때문이다. 광고 회사의 효율성에서는 매력도가 떨어지지만, 눈에 보이지 않는 다른 매력을 느끼게 만드는 것이 인쇄 광고다. 더욱이 KB국민은행은 적지 않은 물량을 꾸준히 집행하는 광고주이고, 무엇보다 광고 회사의 전문성을 믿어 주는 젠틀한 광고주이다. 2013

KB 국민은행 인쇄 광고

년 한 해 동안, 우리는 20여 편의 인쇄와 두 편의 라디오 광고를 집행했다.

늦은 봄 또 한 번의 경쟁 PT를 했다. 신세계 인터내셔널의 아웃도어 브랜드 '살로몬Salomon'이었다. 살로몬은 프랑스 정통 아웃도어 브랜드로, 원래 레드페이스Red Face에서 수입 판매하던 것을 신세계가 인수했다. 경쟁 PT의 과제는 당연히 살로몬의 재론칭 캠페인이었다. 범삼성가家로 묶이는 신세계 그룹이었다. 게다가 삼성가家인 제일기획이 경쟁 PT에서 승리해 캠페인을 준비하던 중에 치르는 경쟁 PT였다. 이미 제일기획으로 내정됐는데, 형식적으로 다른 대행사의 안을 한번 받아 보는 것이라는 소문이 업계에 퍼져 있었다. 엘베스트는 아웃도어라는 새로운 포트폴리오의 매력과 마운티아 경쟁 PT로 얻은 선행 학습의 이점을 활용하겠다는 이유에서 참여를 결정했다.

우리나라는 세계 2위의 아웃도어 시장으로, 240여 개의 브랜드가 경쟁하고 있다. 그런데 이런 크고 복잡한 시장 상황과는 달리, 싸움의 방식은 굉장히 간단한 구조를 가지고 있다. 아웃도어 브랜드를 분별하는 소비자의 유일한 기준은 '인지도'였다. 상위 10개 브랜드가 시장의 80퍼센트를 점유하고 있을 정도로 아웃도어 시장에서 인지도는 곧 '기능'이고 '전문성'이고 '자격'이었다. 따라서 인지도 경쟁에서 승리한 브랜드가 새로운 승자가 된 시장이 아웃도어 시장이다. 네파나 아이더 같은 후발 주자들도 인지도 경쟁에 성공하면서 톱 10에 이름을 올렸다. 우리나라의 토종 아웃도어 브랜드인 레드페이스도 2012년 하반기부터 정우성을 모델로 공격적인 광고를 진행하여 톱 10 진입에 성공했다.

살로몬의 커뮤니케이션 목표는 명확했다. 인지도를 제고하는 것이었다. 그런데 살로몬의 2013년 하반기 예산이 모델비를 포함해 20억밖에 되지 않았다. 2012년 한 해에만 비슷비슷한 아웃도어 TV 광고가 90여 편 이상 제작되었고, 1200억 이상의 매체비가 집행되었다. 이렇게 높은 노이즈 레벨을 뚫고 살로몬의 인지도 제고를 위해 우리는 할 수 있는 모든 것을 해야 했다.

우리에게 가장 필요한 것은 기존 아웃도어와 구별시켜 줄 살로몬만의 관점을 만드는 일이었다. 다행히 살로몬은 'The Mountain Sports Company'라는 차별화된 브랜드 규정을 가지고 있었다. 우리는 여기서부터 출발했다. 기존의 일반적인 관점으로 보면, 산은 누구에게나 평등한 곳이다. 때문에 대기업 김 사장도, 채소 가게 김 사장도 '산에 가면 다 똑같다'라는 인식이 있다. 그러나 살로몬의 관점, 스포츠의 관점에서 볼 때 산을 오른다는 것은 기록과 승부가 존재하는 위닝 게임winning game이고, 승자와 패자가 있는 스포츠였다. 우리는 '당신을 이기게 해 주는 아웃도어'라는 포지셔닝과 '이기는 아웃도어'라는 커뮤니케이션 콘셉트를 뽑았다.

다시 부연하지만 아웃도어 광고 전쟁은 '기억의 전쟁'이다. 하고 싶은 이야기를 크게 하는 것이 아니라, 소비자의 마음속에 살로몬을

신세계인터내셔널 살로몬 광고

기억하게 만들 방법이 필요했다. 이기는 아웃도어 살로몬을 쉽게 연상할 수 있는 방법, 살로몬의 퍼포먼스를 쉽게 떠올릴 방법이 절실했다. 전체 스태프들과의 브레인스토밍 중에 우리는 자신도 모르게 살로몬을 기억하고, 따라 하고, 좋아하게 만들 '한마디'를 찾았다. 우리는 기록과 승부가 존재하는 스포츠에서 월등한 퍼포먼스를 보여주는 사람들에 주목했다. 메이저 리그에서 성공적인 한 해를 보낸 류현진도, 축구에서 압도적인 퍼포먼스로 팬들을 열광시킨 리오넬 메시도 이렇게 불렸다. 우리가 찾은 한마디는 바로 몬스터monster였다. 포켓몬의 몬mon처럼, Salomon은 또 하나의 몬스터처럼 들렸다. 그리고 브랜드를 쉽게 연상할 수 있는 슬로건 'Salomon, Monster in Mountain'과 브랜드를 쉽게 연호할 수 있는 송song을 만들었다. 기억의 전쟁이라는 아웃도어 광고 전쟁에서 제작비 포함 20억이라는 적은 광고비로 우리는 할 수 있는 모든 것을 했다.

2013년 하반기에는 우리 팀의 오랜 광고주인 LG하우시스도 TV 커머셜 광고를 했다. LG하우시스는 2008년 엘베스트가 처음 생기던 해부터 우리 팀의 광고주가 되었다. 2012년 상반기에 경쟁 PT로 수성했지만, 만 2년 동안 광고 계획이 거의 없던 LG하우시스였다. 광고 공백기였던 지난 2년간 LG하우시스의 브랜드 지표는 크게 하락했다. 브랜드 인지도는 물론 친환경 이미지와 프리미엄 이미지까지, 부동의 1위 이미지가 크게 훼손됐다. 우리는 부동의 1위 이미지는 흔들리고 있었지만, 경쟁사나 소비자가 그것을 눈치채지 않게 하는 것이 중요하다고 생각했다. 여전히 1위의 여유가 느껴져야 했고, '공간의 가치'라는 지인z:IN의 오랜 화두를 놓지 않으려고 집중했다. '하고 싶은 대로 하고 살아야죠'라는 카피는 그렇게 만들어졌다.

LG하우시스 지인 광고

반포대교 위 자동차 불빛은 잦아들었지만, 새해의 쓸쓸함과 적막함은 더욱 증폭되었다. 그래서 1월 6일, 유플러스 LTE 경쟁 PT는 반드시 이겨야 했다. 격론 끝에 광고주가 제시한 새로운 브랜드 아이덴티티(BI, brand identity) 가운데 하나인 LTE8을 잡았다. LTE8을 잡은 이상, 8을 드라이빙 아이디어driving idea로 만들 다양한 아이디어들이 필요했다. 그리고 제작 팀 회의실에 붙어 있는 '지드래곤 G-Dragon'과 '8llow me!'라고 적힌 파워포인트 한 장을 보고 승리를 확신했다. 유플러스의 새로운 BI의 8은 세계 최대 80MHz를 상징하는 동시에 최고의 광대역 LTE-A를 판단하는 절대 기준이 되는 수로 만드는 것이 이번 경쟁 PT의 관건이었다. 따라서 일반수가 아닌 절대 수 8은 숫자가 아니라 아이콘이어야 한다. 모델 역시 이런 관점에서 접근해야 한다. 단순한 빅 모델이 아니라 8을 아이콘으로 만들어 줄 모델이 필요했다. 그런 의미에서 지드래곤은 LTE8의 최고 모델이었다. 1988년 8월 18일에 태어난 지드래곤은 8을 자신을 대표하는 인생 넘버, 행운의 숫자로 인식하고 있다는 많은 글들을 인터넷에서 확인할 수 있었다. 첫 솔로 앨범을 8월 18일에 발매했고, 자신의 전시회 이름이 'space8'이다.

만약 2014년 1월 말이나 2월 초쯤, 지드래곤이 유플러스의 모델로 나오는 광고를 보게 된다면, 거기서 '세계 최대 80MHz', '광대역도 이제는 8', '8로 8로 8llow me!', '유플러스 LTE8'이라는 카피를 듣게 된다면, 나는 기분 좋은 2014년을 맞고 있을 것이다.

비록 그 반대라 해도 나는 기분 좋은 2014년을 열고 있을 것이다. 2014년 5월 '응답하라 2014'처럼 다시 이날을 회상하게 되는 어느 날, 나는 이 순간 내가 하고 있는 모든 것들이 얼마나 즐겁고 찬란하고 행복한 사실인지를 기억하기 위해 오늘도 온 힘을 다해 살고 있을 것이기 때문이다.

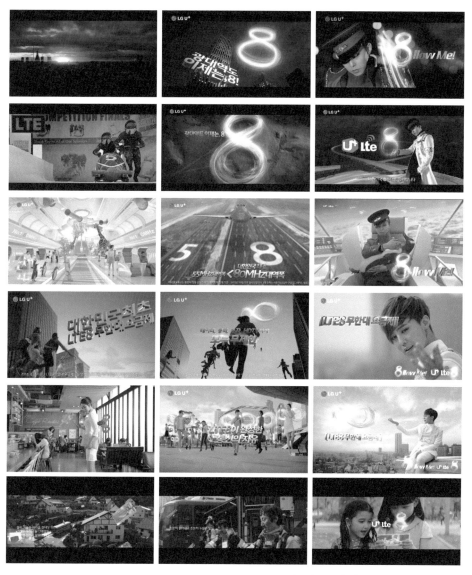

LG U+ LTE8 광고, 〈론칭 편〉, 〈봅슬레이 편〉, 〈비행기 편〉,
〈무한대 요금제 러닝 편〉, 〈무한대 요금제 태엽 편〉, 〈브랜드 필름 편〉

* 유플러스 LTE8 캠페인은 이 책을 갈무리하고 있는 와중에도 진행형이다. 2014년 4월 현재 다섯 편의 광고를 온에어했고, 다음 주는 상반기 캠페인을 마무리하는 브랜드 필름을 촬영하기 위해 부산으로 남해로 내려갈 예정이다.

아주 우아한 거짓말의 세계

초판 1쇄 인쇄일 • 2014년 6월 5일
초판 1쇄 발행일 • 2014년 6월 10일
지은이 • 한화철
펴낸이 • 임성규
펴낸곳 • 문이당

등록 • 1988. 11. 5. 제 1−832호
주소 • 서울시 성북구 동소문동 4가 83 청구빌딩 3층
전화 • 928−8741∼3(영) 927−4990∼2(편)
팩스 • 925−5406
ⓒ 한화철, 2014

전자우편 munidang88@naver.com

ISBN 978−89−7456−478−0 03300